STICKEN lernen mit modernen Dessins

Anleitungen für Anfänger

Hélène Le Berre

Fotografien: Frédéric Baron-Morin

Styling: Valérie Jelger

CV

INHALT

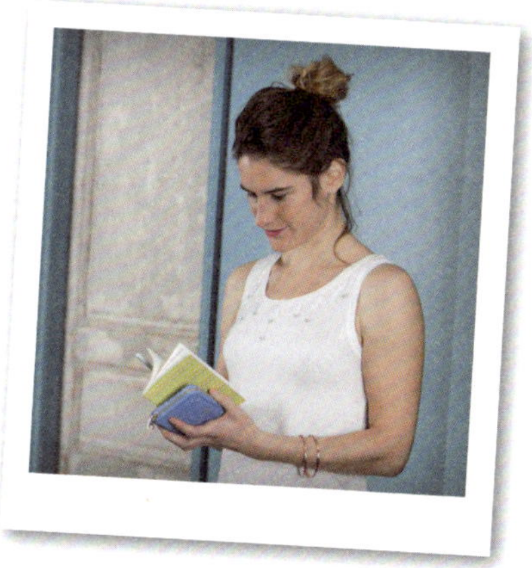

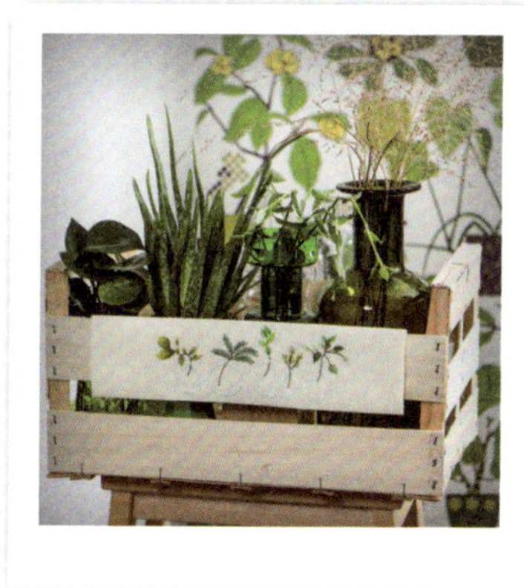

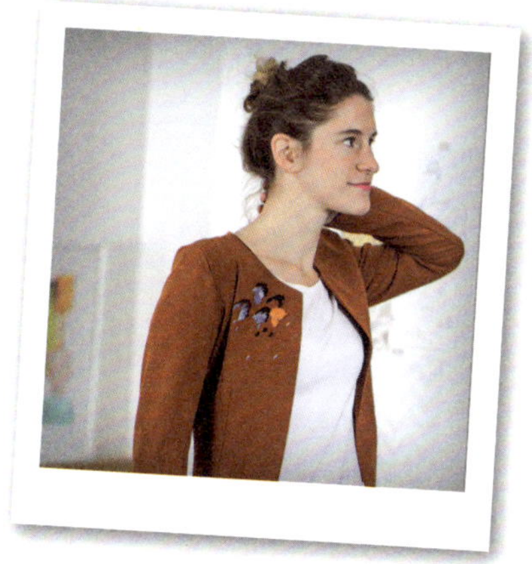

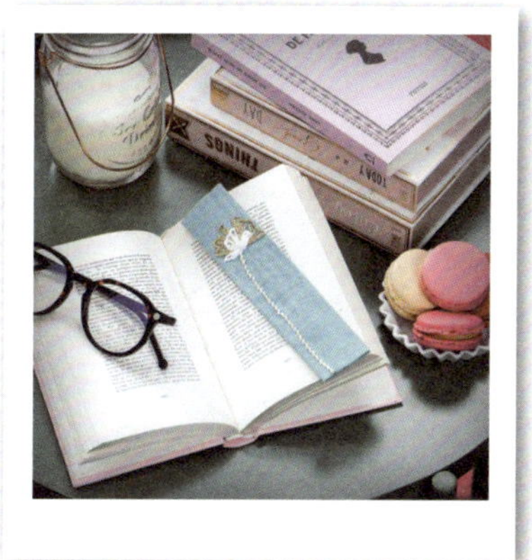

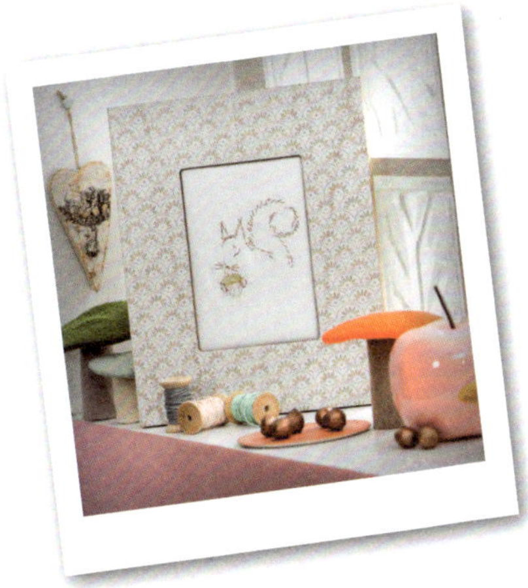

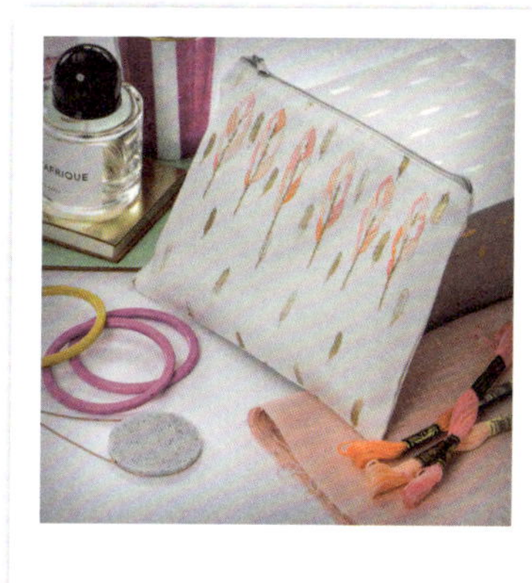

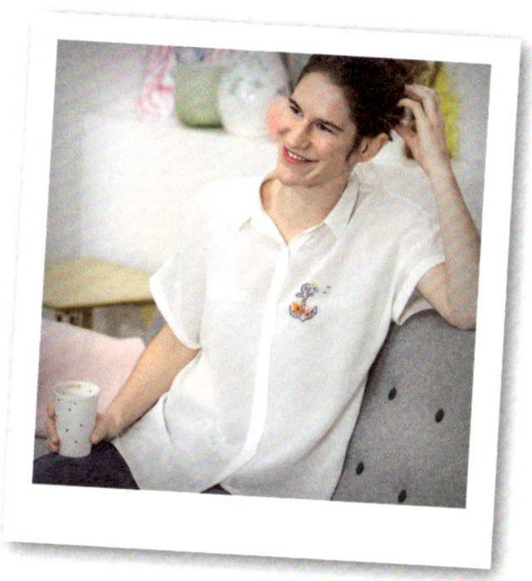

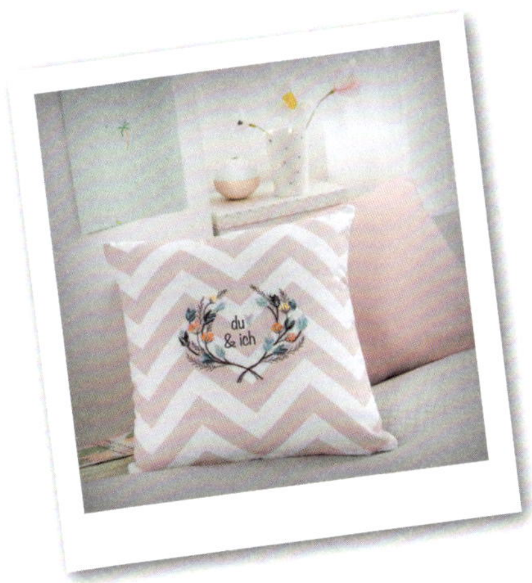

EINLEITUNG

Hiermit gelingt Ihnen der große Wurf!
Willkommen in der wundervollen, fröhlichen Welt des Stickens!

Mithilfe dieses Buchs können Sie die bekanntesten Stickstiche erlernen und sehr schnell damit Ihre Lieblingsstücke ganz individuell gestalten.

Jeder Stich wird ganz genau in Einzelschritten erklärt, sodass er kein Geheimnis mehr für Sie bleibt. Sie werden bei der Auswahl der Garne und des Trägermaterials angeleitet, damit Sie mit Farb-, Material- und Sticheffekten spielen können.
Außerdem werden Ihnen viele Motive vorgeschlagen.
Auf geht es an die Stickringe zu einer spielerischen Entdeckung der modernen Stickwelt!

Hélène Le Berre

Grundkurs Sticken

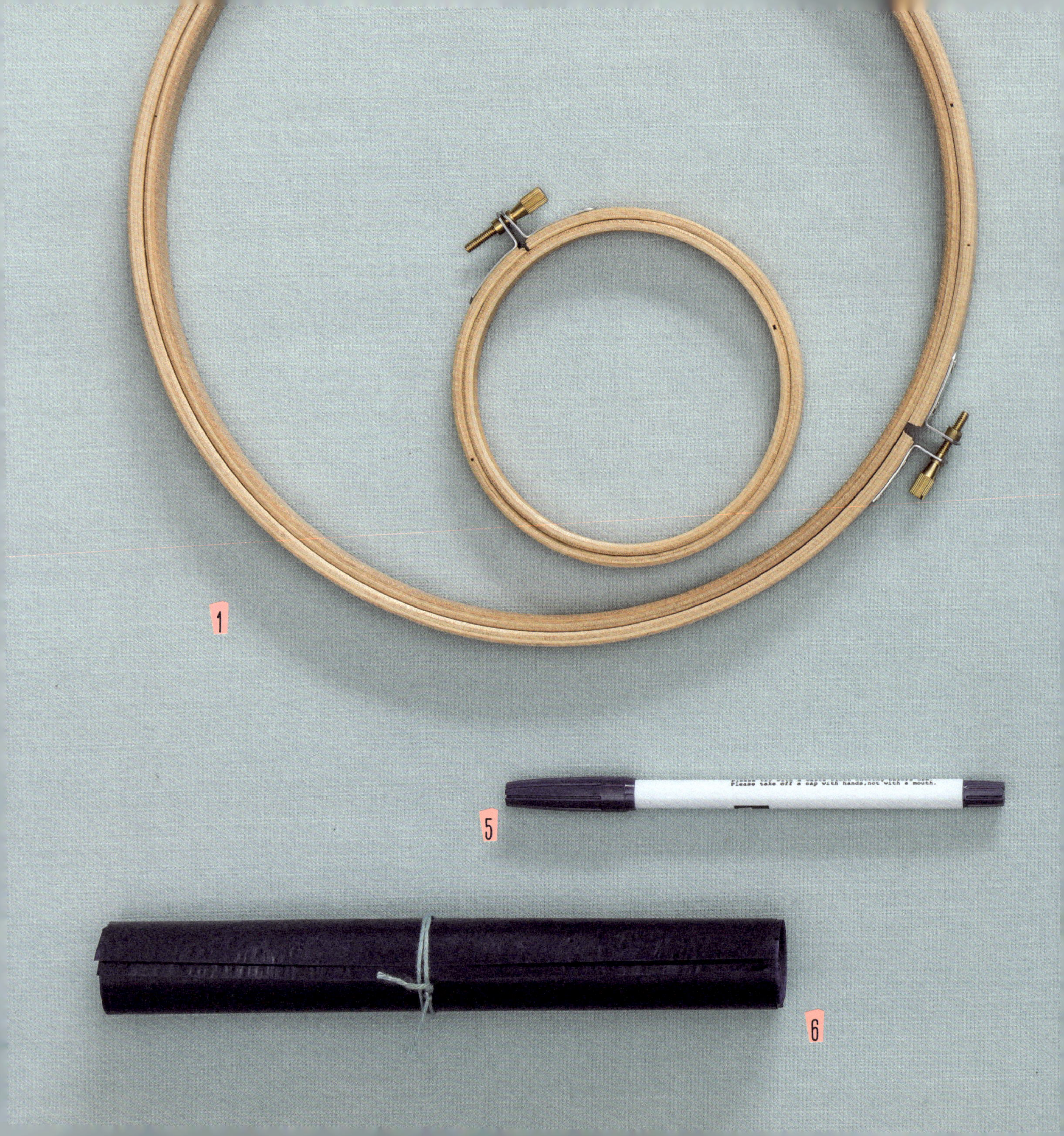
1
5
Please take off a cap with hands,not with a mouth.
6

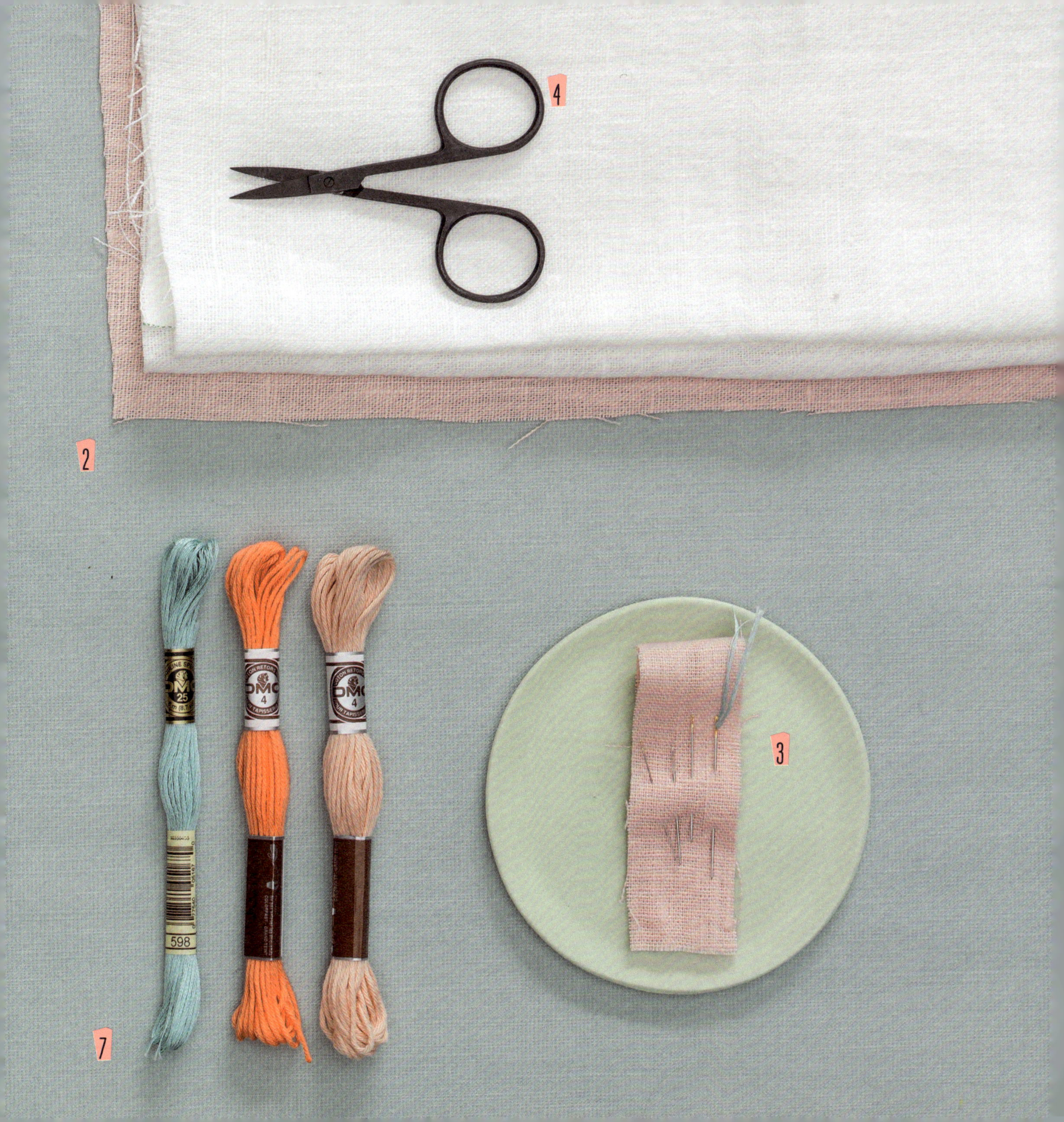
4
2
7
598
3

MATERIAL

1 Stickring

2 Stoff

3 Sticknadel

4 Stickschere

5 Löslicher Stift

6 Kopierpapier

7 Garn

MATERIALAUSWAHL

TRÄGERMATERIAL

Achten Sie bei der Auswahl Ihrer Stücke, die Sie besticken wollen (eine Bluse, eine Tasche, einen Kissenbezug etc.), darauf, dass Sie Stoff nehmen, der gut in der Hand liegt, wie etwa Leinen oder grobe Baumwolle mit deutlich erkennbarer Webstruktur (niemals Popeline!). Also Stoff, in den Sie gut und leicht mit der Sticknadel einstechen können! Ich empfehle in diesem Buch die Verwendung von gezwirntem Stickgarn, das es meist als mattes, ziemlich dickes Garn gibt und mit dem man voluminöse und sehr interessante Ergebnisse erzielen kann.

Der Stickring wird unser engster Verbündeter sein, damit kann der Stoff gut gehalten werden und die Stickerei wird schön gleichmäßig.

NADELN

Legen Sie sich ein Päckchen mit Sticknadeln in den Größen 3 bis 9 und ein Päckchen Tapisserienadeln mit einer speziellen Spitze zu, von 18 bis 22. Nehmen Sie immer die zum Garn passende Nadel: eine Nadel mit dünnem Öhr für feines Garn und eine mit größerem Öhr für dickeres Garn. Je größer das Nadelöhr, desto besser lässt sich das Garn durch den Stoff ziehen und desto weniger verheddert es sich beim Arbeiten.

GARN

Ich empfehle verzwirnte Garne, die zuletzt von Stickerinnen etwas vernachlässigt wurden. Auf dem Markt findet man matte Garne in wunderbaren Farbskalen, mit denen man ein schönes Stickbild erzielen kann. Ich habe mir auch einen Spaß daraus gemacht, mit Häkelgarn oder Metallic-Stickgarn zu arbeiten. Das wirkt sehr plastisch und lässt die Stickerei sehr lebendig erscheinen. In Kombination mit mattem Stickgarn entsteht ein sehr schöner Effekt. Auch Stickgarne mit Pailletten sind eine schöne Variante. Und natürlich das unerlässliche Baumwollgarn mit 6 Strängen, das zu raffinierten Ergebnissen führt und viele Varianten ermöglicht.

VORBEREITUNGEN

MOTIV ÜBERTRAGEN

Drucken oder kopieren Sie zu allererst Ihr Motiv auf Papier. Dann müssen die Umrisse auf das Trägermaterial übertragen werden, damit man es sticken kann. Die neuen löslichen Stifte eignen sich hervorragend dafür, weil ihre Linien bei Hitze verschwinden: einmal mit dem heißen Föhn behandeln und schon sind sie nicht mehr auf der Stickerei zu sehen! Das ist besser als sie zu bügeln, weil so nichts verbrennen kann und die Stickarbeit durch das Bügeleisen nicht platt gedrückt wird.

Wenn der Trägerstoff hell ist, kann man gut am Fenster arbeiten, weil das Motiv durchscheint. Dafür das Papier auf die Stoffrückseite heften und die Konturen nachziehen.

Bei dunklem Stoff muss Kopierpapier (in Weiß) verwendet werden. Man kann das Motiv mit einem weißen Stoffstift nachziehen, damit es gut zu sehen ist. Nach dem Sticken sind die Linien meist nicht mehr sichtbar. Andernfalls muss man den bestickten Stoff nur vorsichtig waschen.

GLOSSAR

Fadenlänge

Damit ist die Länge des Fadens gemeint, der in die Sticknadel eingefädelt wird; er misst ungefähr 45 cm. Aber Sie können die Länge je nach Bedarf auch ändern.

Stickring

Mithilfe des Stickrings können Sie Ihren Stoff straff spannen, sodass die Stickerei gleichmäßig wird.
Er besteht aus zwei Holzringen, die ineinandergelegt werden. Es gibt Stickringe mit unterschiedlichen Durchmessern, zur besseren Handhabung empfiehlt sich ein möglichst kleiner. Man kann sie auch als hübsche Rahmen verwenden und die fertige Stickarbeit darin präsentieren!

Verzwirnte Baumwolle

Verzwirntes Garn aus merzerisierter Baumwolle ist das am meisten verwendete Stickgarn. Es besteht aus sechs trennbaren Einzelfäden, die ineinander verdreht sind und die es in leuchtenden Farben gibt.

Mit einem einzelnen Faden kann man zarte Stickereien anfertigen, wohingegen man mit sechs Fäden ein schönes Volumen erzeugen kann.

Mattes Gobelingarn aus Baumwolle

Dies ist ein mattes Garn, das ursprünglich für das Gobelinsticken verwendet wurde, aber auch für andere Stickarbeiten sehr interessant ist. Es besteht aus fünf nicht trennbaren Einzelfäden, die gekämmt und geflammt wurden, damit sie keine Fusseln bilden.

Stickschere

Da sie ziemlich klein sind und eine dünne Spitze haben, sind Stickscheren besonders gut für präzise Arbeiten geeignet.

WIE BEGINNT MAN EINE STICKARBEIT?

Um eine Stickarbeit zu beginnen, wählt man zunächst ein Garn und eine Nadel, deren Öhr groß genug dafür ist.
Dann einen Faden abschneiden (ungefähr 45 cm).
In ein Ende einen einfachen Knoten machen und das andere Ende in das Nadelöhr fädeln. Jetzt ist die Nadel bereit für den ersten Stich!

WIE BEENDET MAN EINE STICKARBEIT?

Wenn die Stickarbeit fertig ist, fehlt nur noch ein schönes Ende … Hier sehen Sie, wie das perfekt gelingt.

1

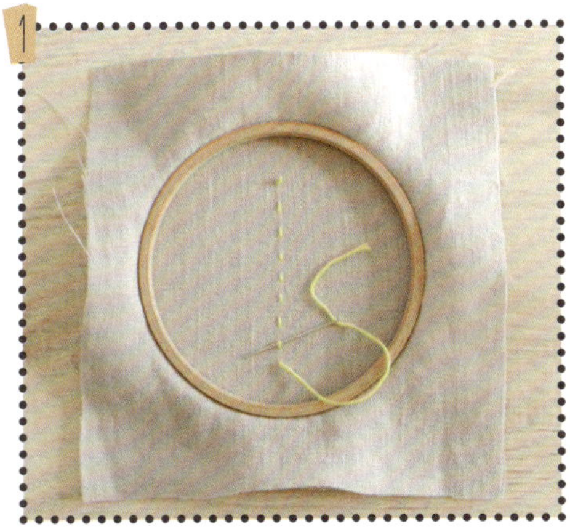

Die Stickarbeit umdrehen. Die Nadel unter den nächstgelegenen oder auch unter den letzten Stich führen.

2

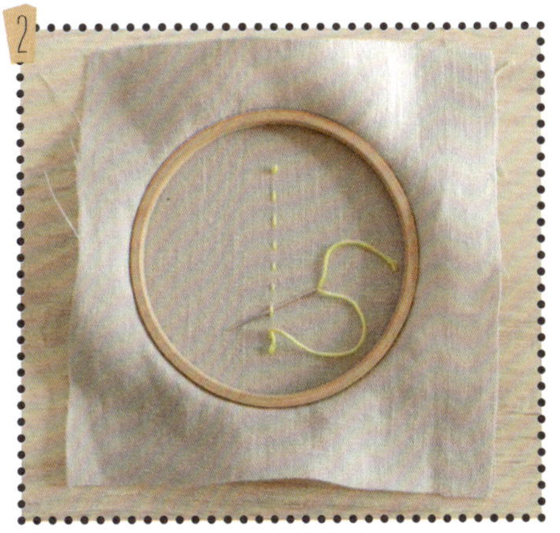

Die Nadel unter den zweiten Stich führen, den ersten Schritt wiederholen.

3

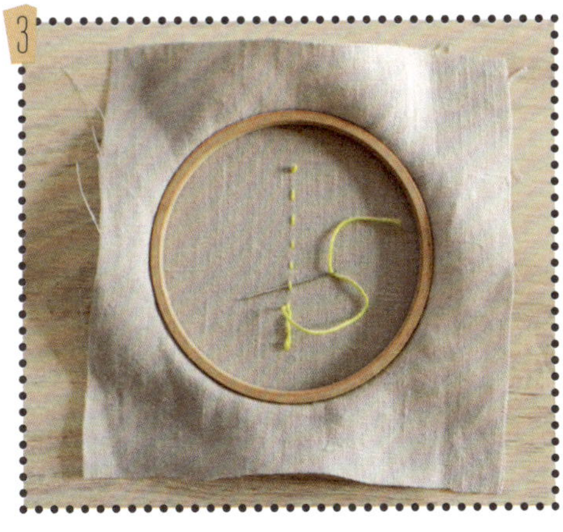

So über 2,5 bis 5 cm fortfahren.

4

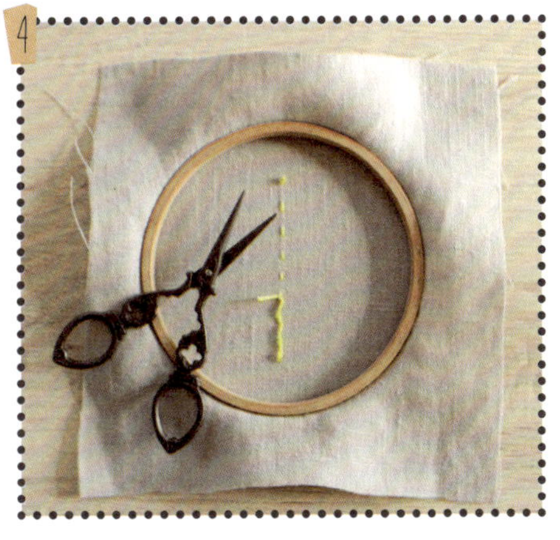

Den überstehenden Faden abschneiden.

DER GERADSTICH

AUF GEHT'S!

Sticken Sie erste Geradstiche beim Eichhörnchen-Bild, Seite 64, dem Feder-Täschchen, Seite 68, oder der Bluse mit Ankermotiv, Seite 72.

Der Geradstich ist ein Grundstich, der die Basis für viele andere Stiche ist: den Plattstich, den Überwendlingsstich u. a.

1

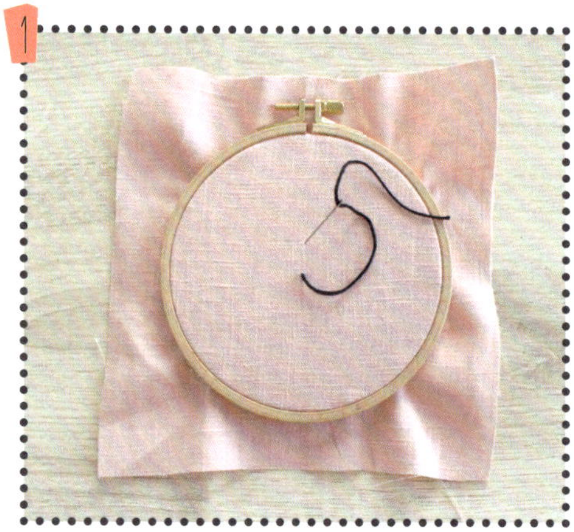

2

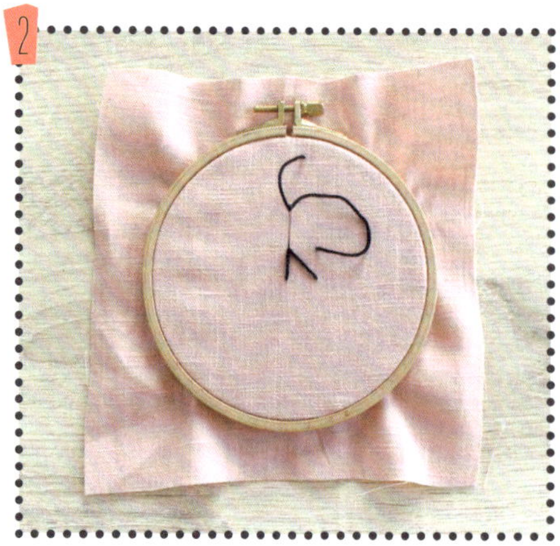

3

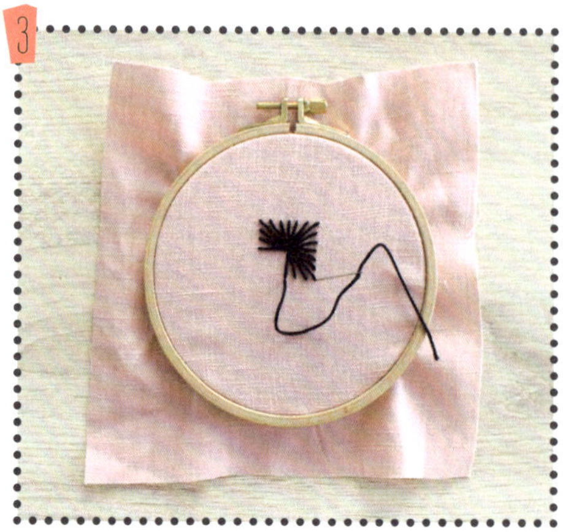

Die Nadel nach oben führen und in der gewünschten Richtung knapp neben dem Ausstich einstechen (senkrecht, waagerecht, diagonal etc.), wie es das Motiv erfordert.

Mit diesem Stich können viele einfache Motive gestickt werden. Hier habe ich einen Stern gestickt, indem ich mehrere Vorstiche ausgeführt habe.

4

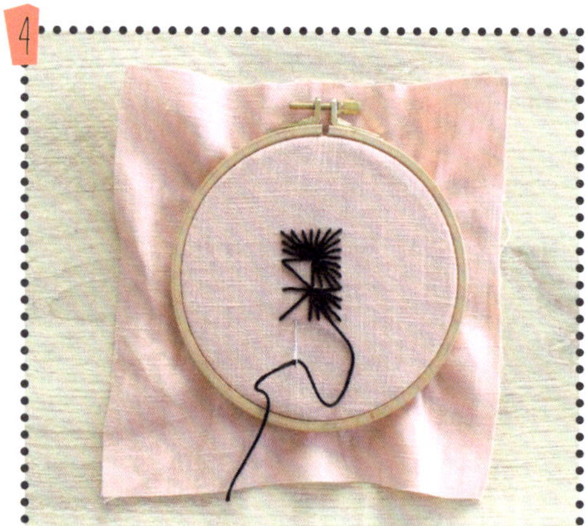

5

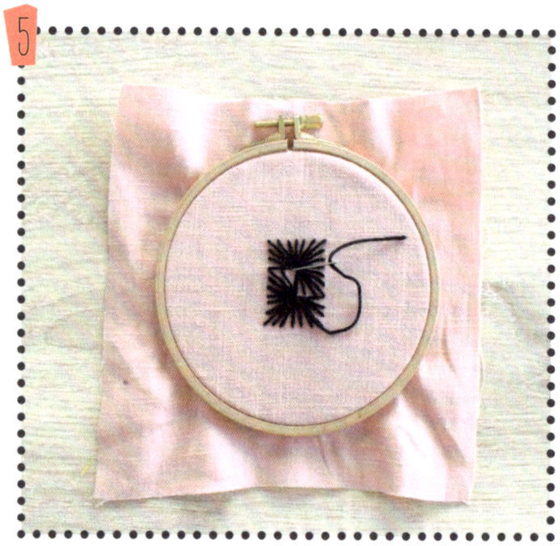

6

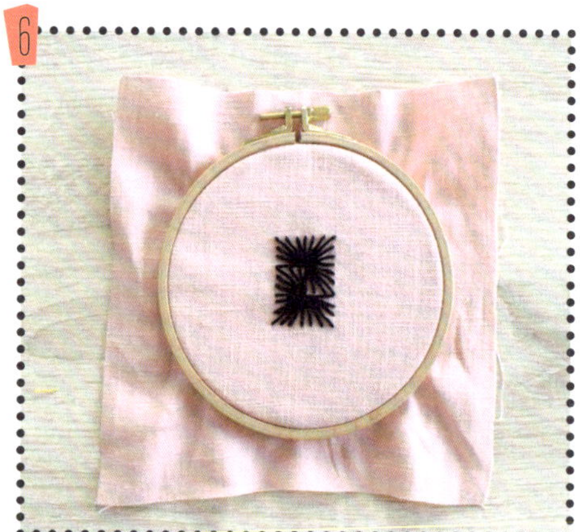

DER VORSTICH

Dieser Stich wird von rechts nach links ausgeführt.

1

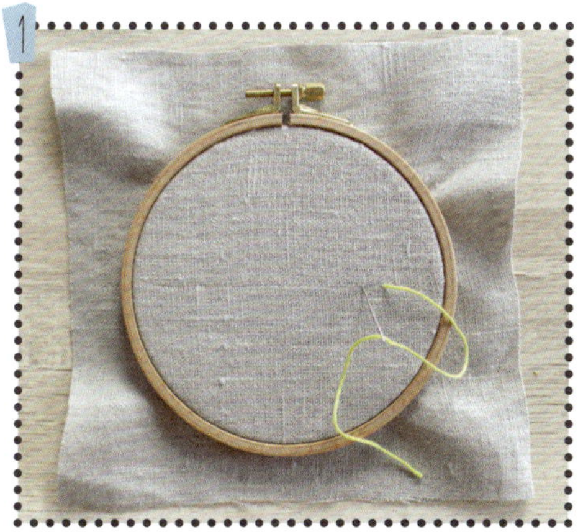

Die Nadel nach oben führen und mit etwas Abstand links neben dem Ausstich wieder einstechen.

2

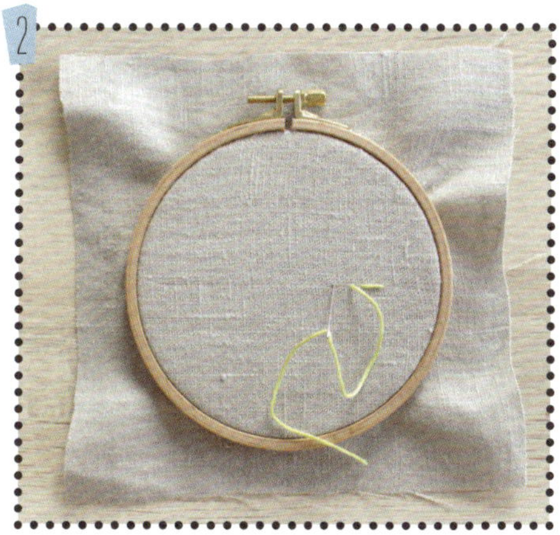

Etwas weiter links wieder ausstechen und im selben Abstand wie beim ersten Stich wieder einstechen.

3

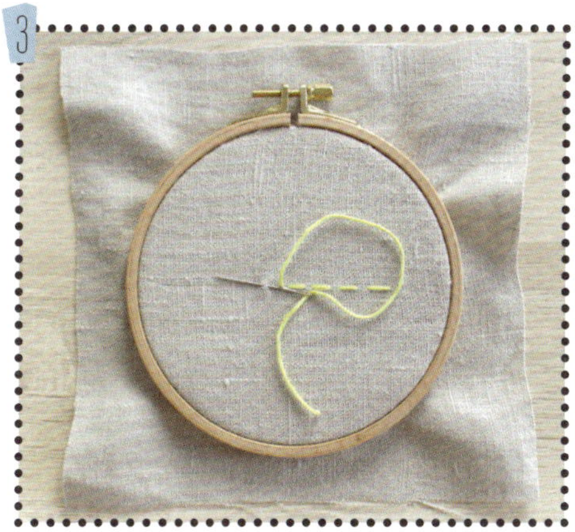

Diesen Stich kann man auch in einem Arbeitsgang ausführen. Dafür den Stoff mit der linken Hand von unten etwas anheben, dann geht es leichter.

4

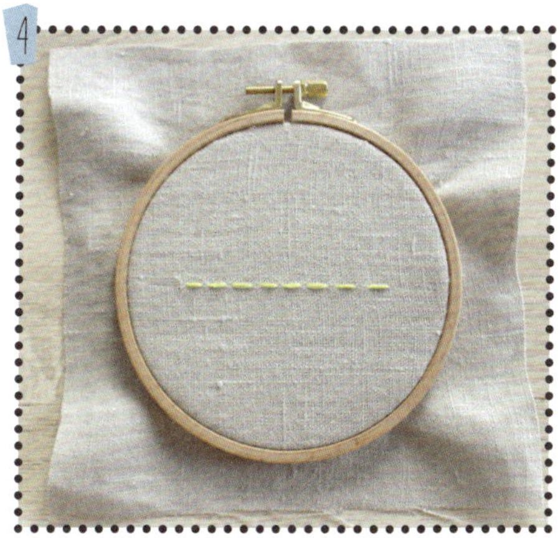

Hier sieht man eine Reihe gleichmäßiger Vorstiche. Sie können auch oben kürzer und unten länger oder unten kürzer gestickt werden etc.

AUF GEHT'S!

Sticken Sie erste Vorstiche beim Rippentop mit Pfeilmuster, Seite 48.

STICHERKLÄRUNG

Achtung, diese Erklärungen und alle folgenden sind für Rechtshänder!

DER RÜCKSTICH

AUF GEHT'S!

Sticken Sie erste Rückstiche beim Notizbuch mit Origami-Schwan, Seite 32, Lesezeichen mit Gingkoblatt, Seite 60, oder Eichhörnchen-Bild, Seite 64.

Dieser Stich wird von rechts nach links gestickt.

1

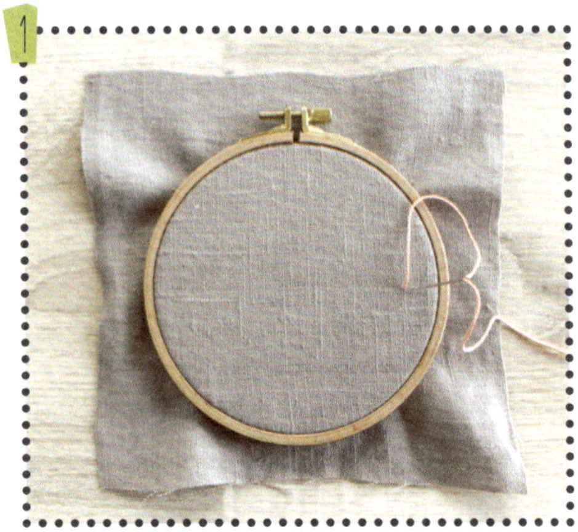

Die Nadel nach oben führen und um eine Stichlänge zurückstechen.

2

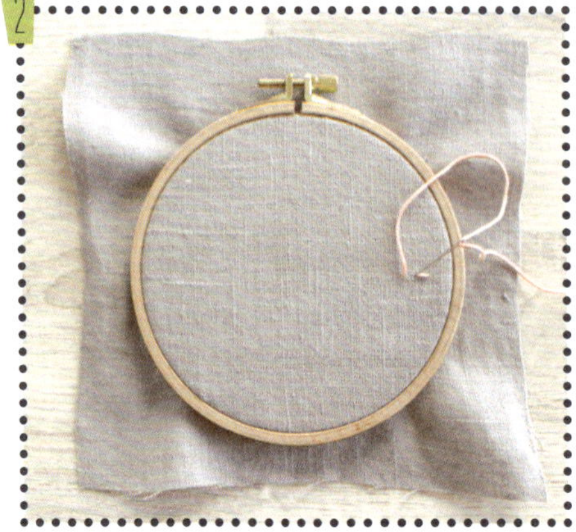

Die Nadel um eine Stichlänge nach links führen und ausstechen, dann wieder zurückführen und an der ersten Ausstichstelle einstechen.

3

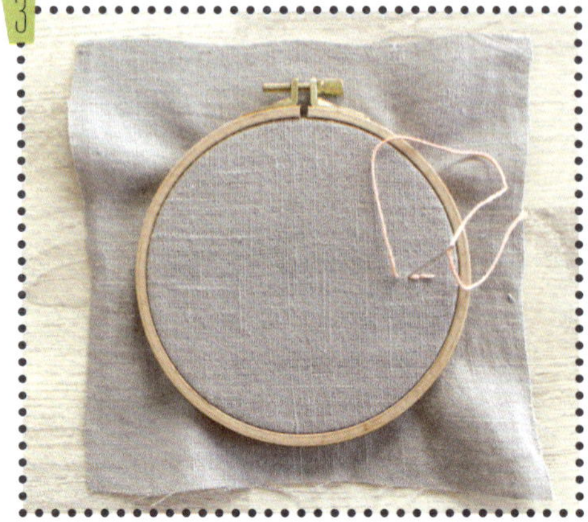

Zwischen den Stichen ist kein Zwischenraum. Die Stiche müssen gleichmäßig sein.

4

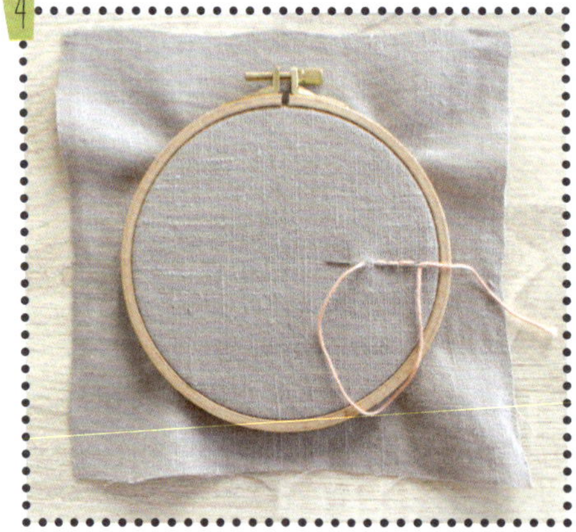

Dieser Stich kann auch in einem Arbeitsgang ausgeführt werden. Dafür den Stoff mit der linken Hand von unten etwas anheben, dann geht es leichter.

5

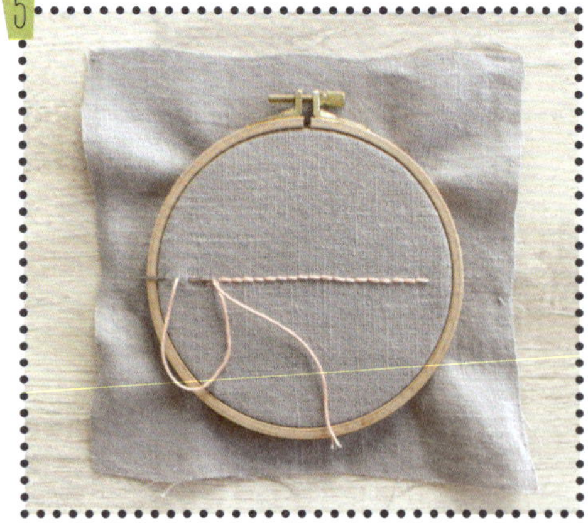

Hier sieht man eine Reihe Rückstiche. Man kann sie auch mit kleineren oder längeren Stichen ausführen.

DER UMWICKELTE RÜCKSTICH

Der umwickelte Rückstich entsteht auf dem Rückstich (siehe Der Rückstich, Seite 16). Man kann ihn auch auf einem Vorstich sticken, dann heißt er umschlungener Vorstich!

Klassischerweise wird er mit einer stumpfen Sticknadel und einer anderen Farbe, manchmal auch mit einer anderen Garnqualität ausgeführt. Hier wird er mit einer spitzen Nadel gestickt.

1

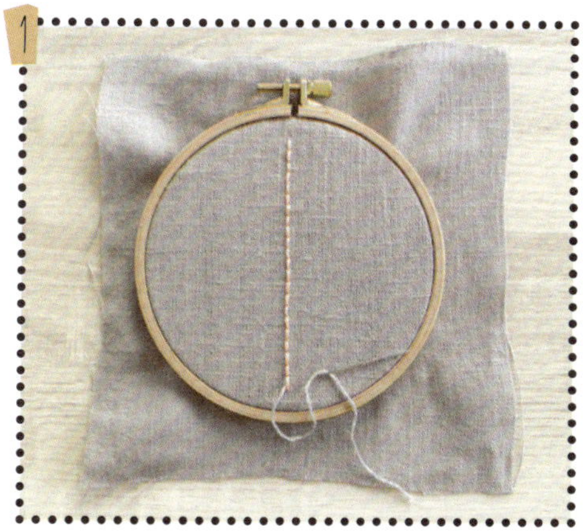

Wenn die Rückstiche gestickt sind, die Nadel mittig links neben einem Rückstich nach oben führen. Die Nadel umdrehen.

2

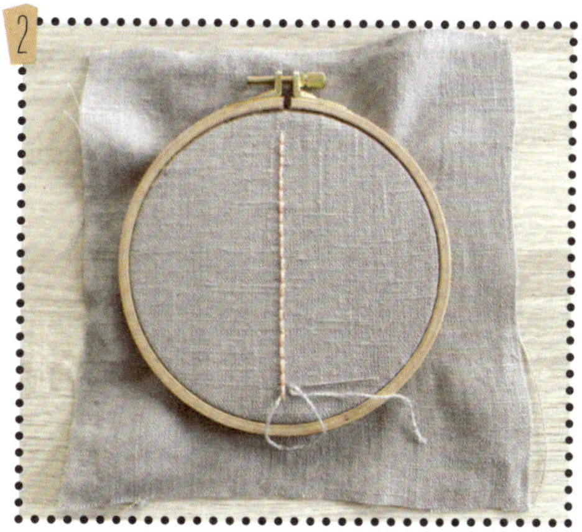

Die Nadel mit dem Öhr von rechts nach links unter den ersten Stich führen, ohne in den Stoff zu stechen.

3

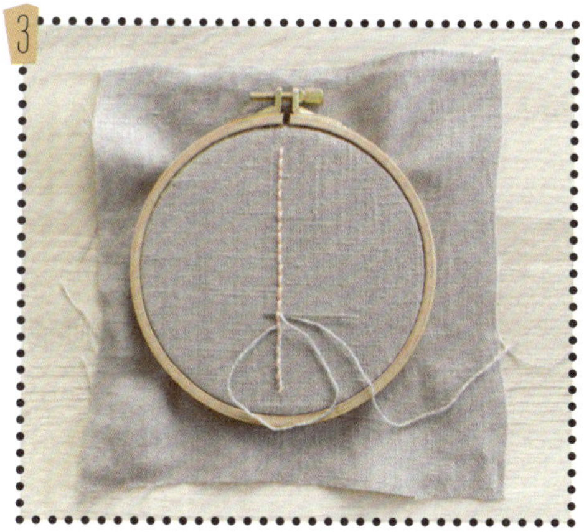

Die Nadel unter jeden Stich führen, hier wird von unten nach oben gearbeitet.

4

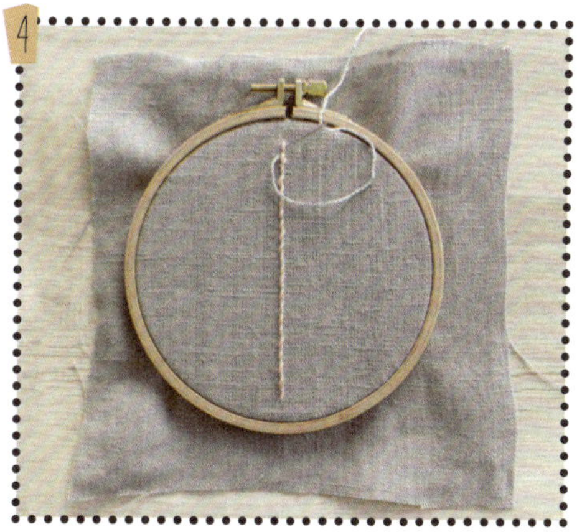

Zum Schluss die Nadel mittig rechts neben dem letzten Stich auf die Rückseite führen.

AUF GEHT'S!

Sticken Sie Ihren ersten umwickelten Rückstich beim Lesezeichen mit Gingkoblatt, Seite 60.

DER STIELSTICH

Der Stielstich wird von links nach rechts gestickt. Man kann damit eine schöne Linie mit Kordel-Effekt anfertigen.

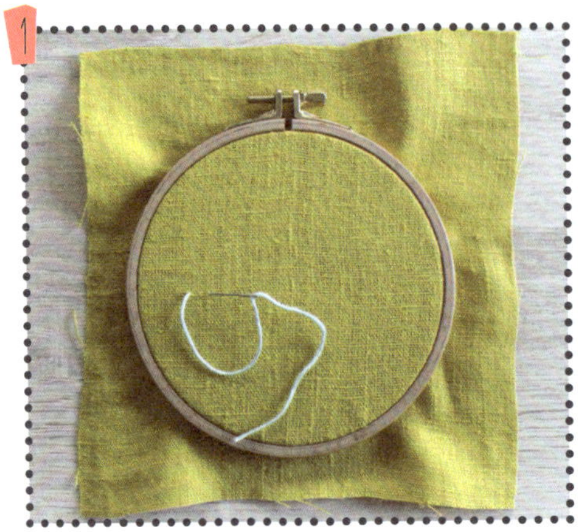

Die Nadel nach oben führen und eine Stichlänge nach rechts sticken.

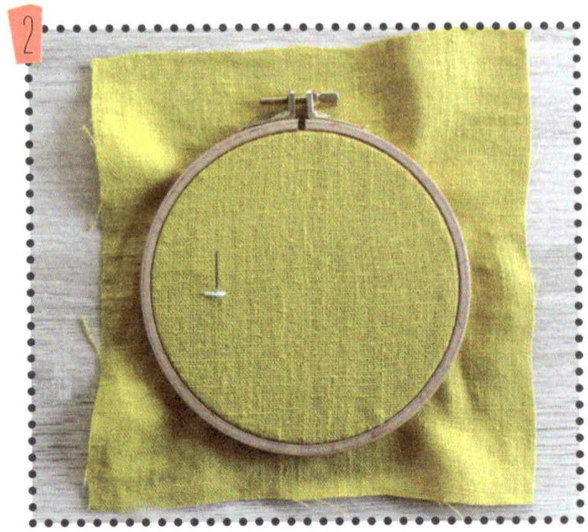

Die Nadel mittig über diesem Stich wieder ausstechen.

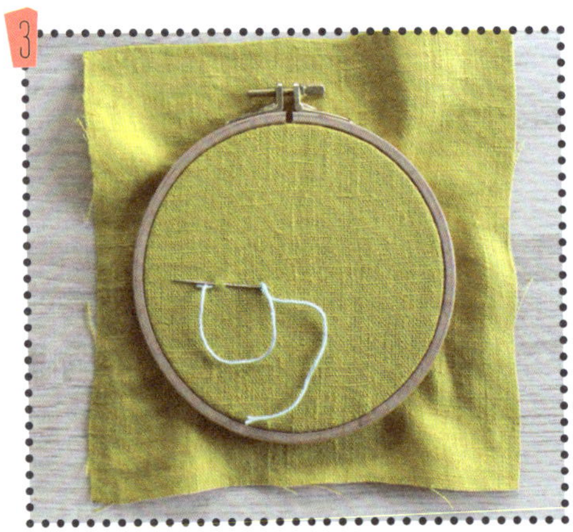

Wieder eine Stichlänge nach rechts sticken. Dann immer über dem vorherigen Stich wieder ausstechen. Hier wird der Stich in einem Arbeitsgang ausgeführt.

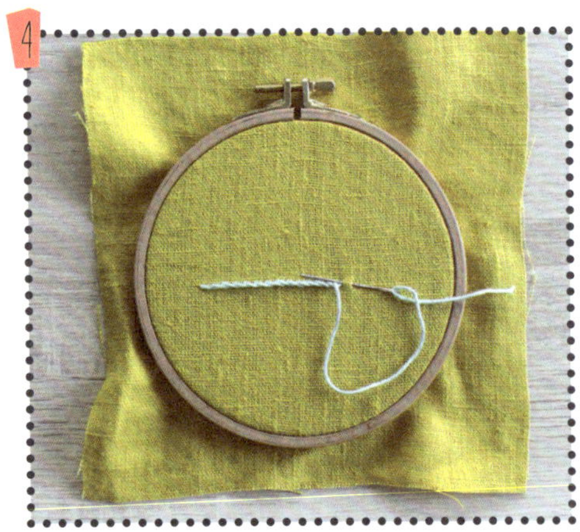

Den Stoff mit der linken Hand von unten etwas anheben, dann geht es leichter.

AUF GEHT'S!

Sticken Sie Ihren ersten Stielstich beim Stickbild Goldener Käfig, Seite 40, bei der Pflanzenkiste, Seite 52, oder dem Eichhörnchen-Bild, Seite 64.

DER SCHLINGENSTICH

Der Schlingenstich kann in jede beliebige Richtung gestickt werden.

1

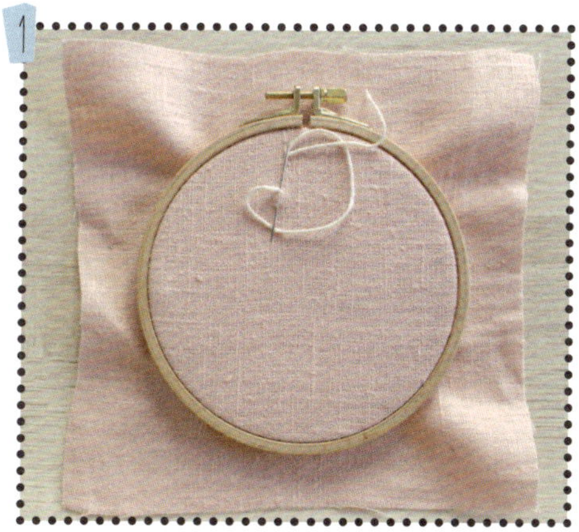

Die Nadel nach oben führen, den Faden zu einer Schlaufe legen und die Nadel knapp neben der Ausstichstelle einstechen. Die Nadel im gewünschten Abstand innerhalb der Schlaufe ausstechen.

2

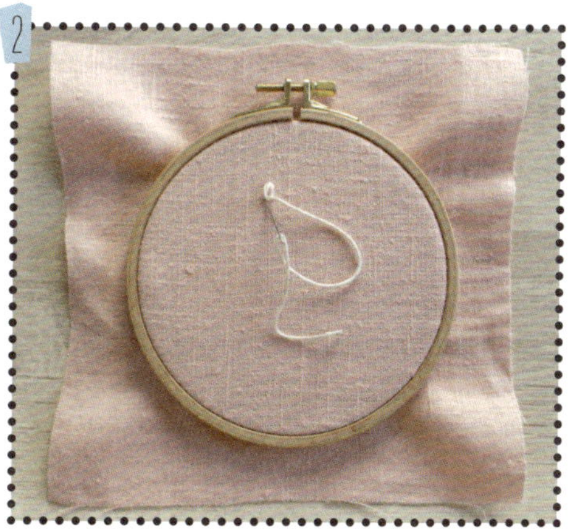

Die Nadel über die Schlaufe führen, um diese mit einem kleinen Anker zu sichern.

3

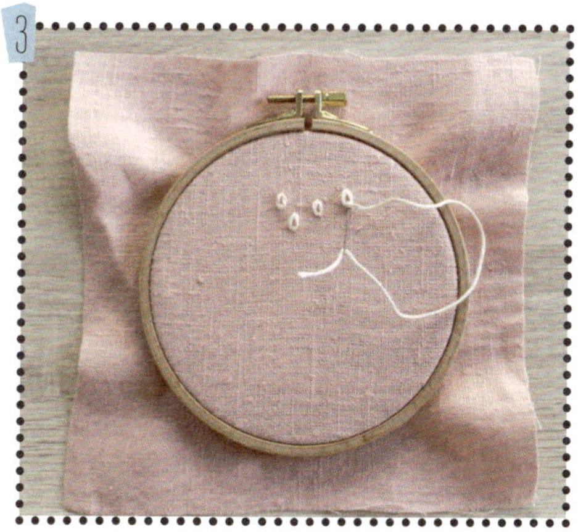

Auf diese Weise kann man verstreute Schlingen sticken.

4

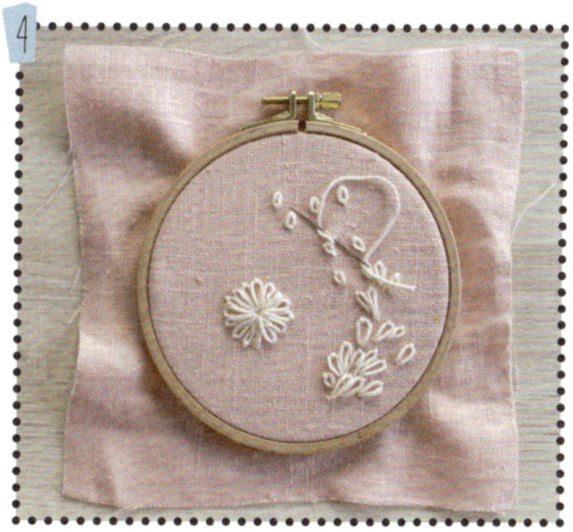

Man kann die Schlingenstiche auch zu Blüten, Blättern etc. anordnen.

AUF GEHT'S!

Sticken Sie Ihren ersten Schlingenstich beim Wolkenbild, Seite 36, oder bei der Pflanzenkiste, Seite 52.

DER KETTENSTICH

AUF GEHT'S!

Sticken Sie Ihren ersten Kettenstich bei der Bluse mit Ankermotiv, Seite 72.

Der Kettenstich wird in Linien gestickt. Er wird von oben nach unten gearbeitet.

1

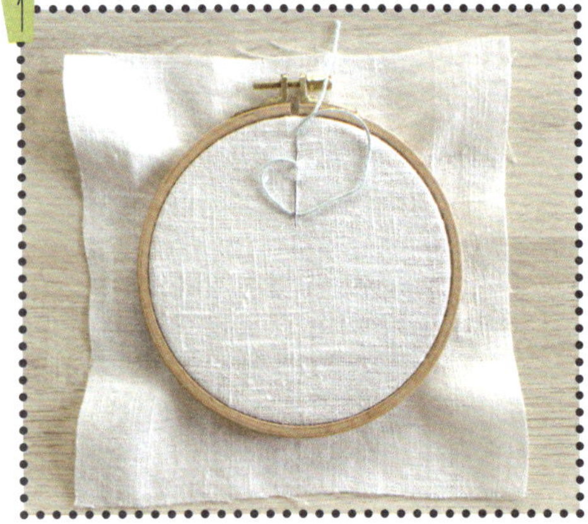

Die Nadel nach oben führen, den Faden zu einer Schlaufe legen und die Nadel knapp neben der Ausstichstelle einstechen.
Die Nadel im gewünschten Abstand innerhalb der Schlaufe ausstechen.

2

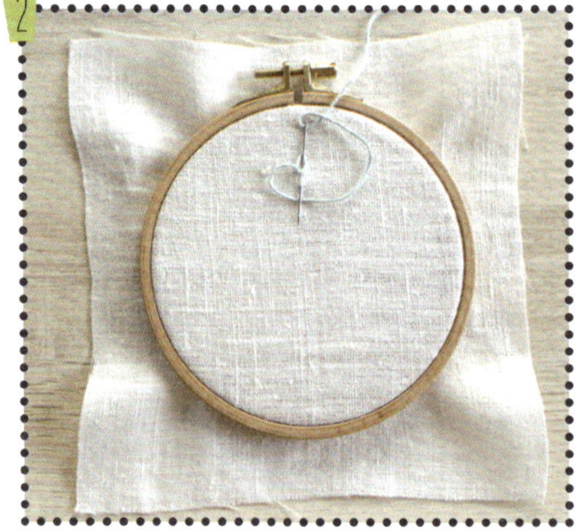

Die Nadel innerhalb der Schlaufe wieder einstechen, dabei den Faden unter der Nadel führen. Etwas weiter unten wieder ausstechen, dabei die Nadel wie zuvor in die Schlaufe führen.

3

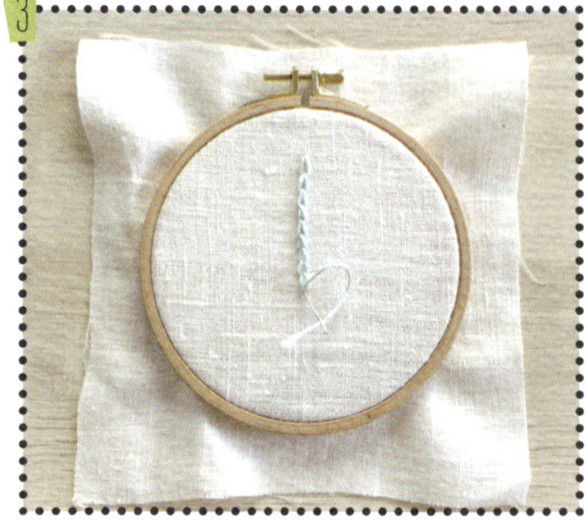

So mit gleichmäßigen Stichen fortfahren. Zum Schluss die Nadel knapp unter dem letzten Kettenstich einstechen und so den Faden sichern.

4

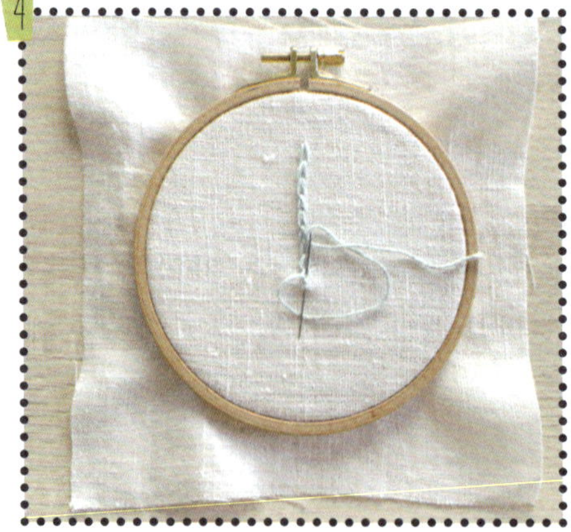

Weiterarbeiten und dafür innerhalb der letzten Schlaufe einstechen.

5

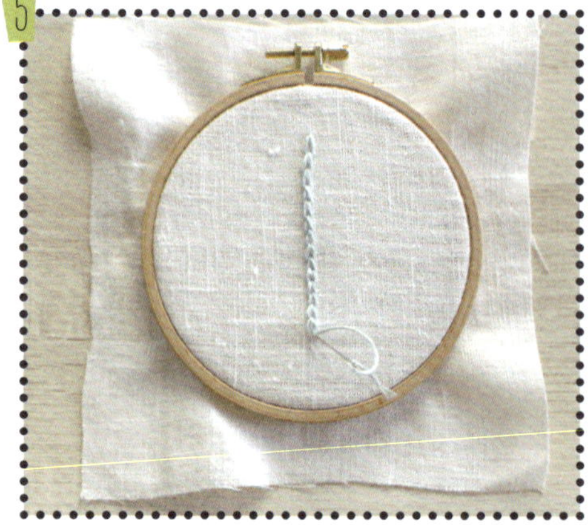

Zum Beenden die letzte Schlaufe der Kette mit einem kleinen Stich wie in Schritt 3 sichern.

DER GRÄTENSTICH

AUF GEHT'S!

Sticken Sie Ihren ersten Grätenstich bei der Pflanzenkiste, Seite 52, oder beim Kissen „du und ich“, Seite 76.

Mit dem Grätenstich kann man sehr realistisch Blätter darstellen. Man arbeitet sie von der Spitze zum Stielansatz.

1

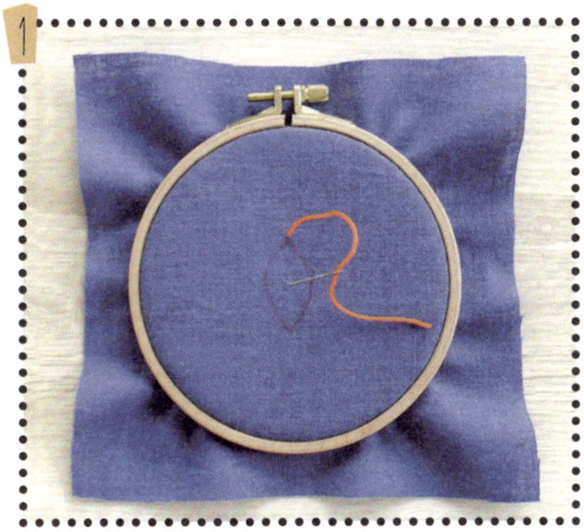

Mit einem wasserlöslichen Stift ein Blatt auf den Stoff zeichnen. Die Nadel an der Blattspitze nach oben führen und auf der Mittellinie etwa nach einem Drittel einstechen. Die Mittellinie verläuft vertikal von der Spitze zur Blattmitte.

2

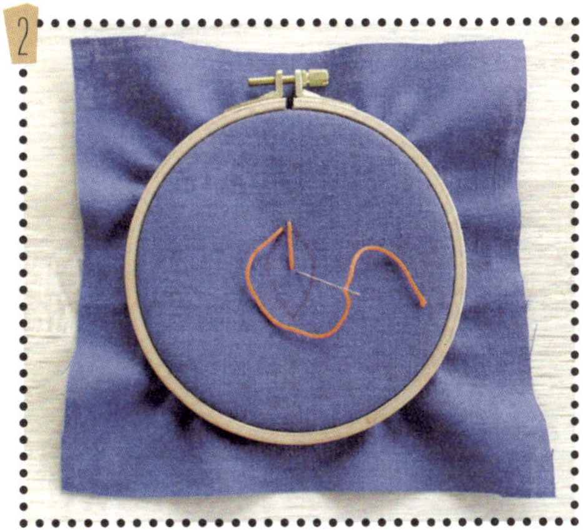

Die Nadel links oben auf dem Blattumriss ausstechen und knapp rechts unter dem Mittelpunkt wieder einstechen. Dieser Stich geht knapp über den Mittelpunkt hinaus.

3

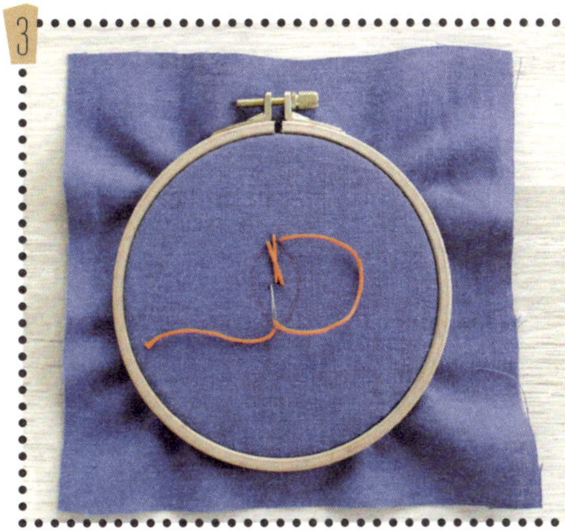

Die Nadel rechts oben, spiegelbildlich zum vorherigen Stich, auf dem Blattumriss ausstechen. Und wieder spiegelverkehrt, links knapp unter dem letzten Stich einstechen.

4

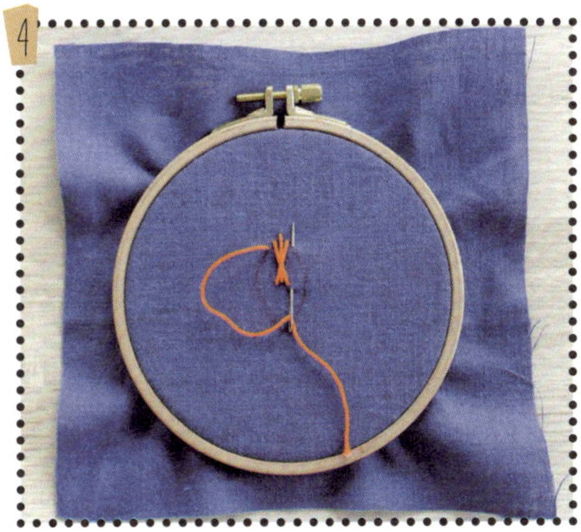

So fortfahren und immer abwechselnd links und rechts sticken, sodass sich die Stiche auf der Mittellinie überschneiden.

5

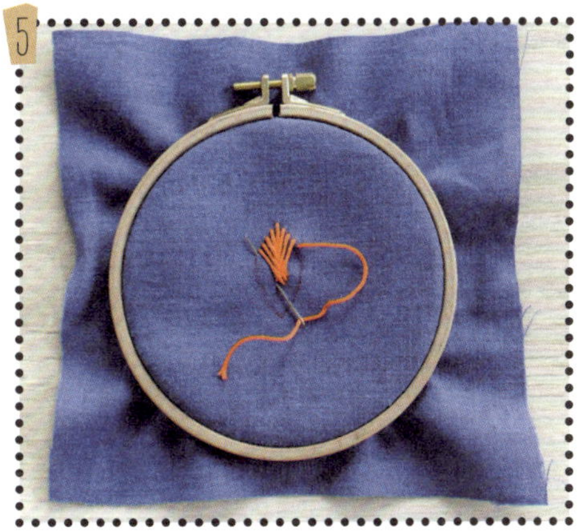

Die letzten Stiche bilden die Blattform und werden kürzer.

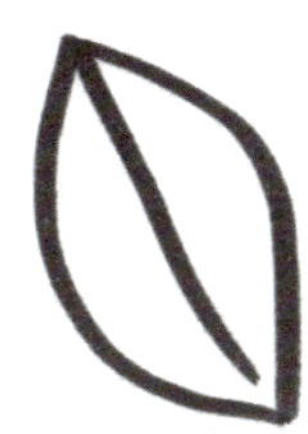

DER FEDERSTICH

AUF GEHT'S!

Sticken Sie Ihren ersten Federstich beim Kissen „du und ich“, Seite 76.

Der Federstich wird von oben nach unten gestickt.

1

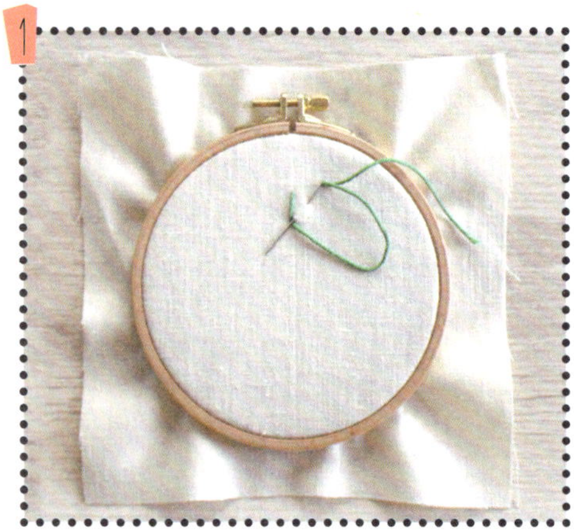

Die Nadel nach oben führen, rechts davon einstechen und unten auf der Mittelachse wieder ausstechen, dabei liegt der Faden unter der Nadel. Die Stichlängen sind gleich groß.

2

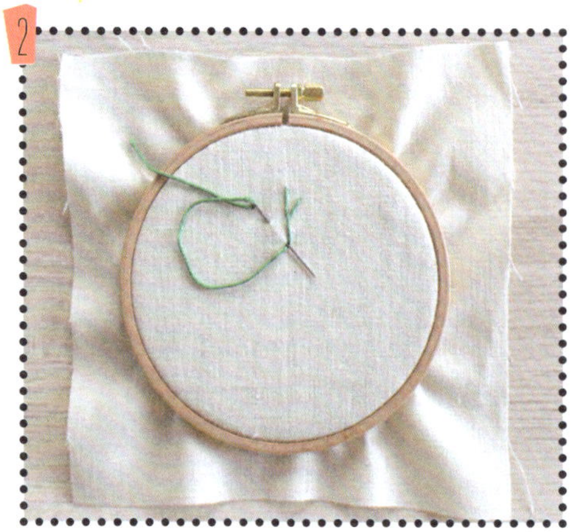

Den ersten Stich wiederholen, dann die Nadel nach links führen und zurück auf die Mittelachse führen.

3

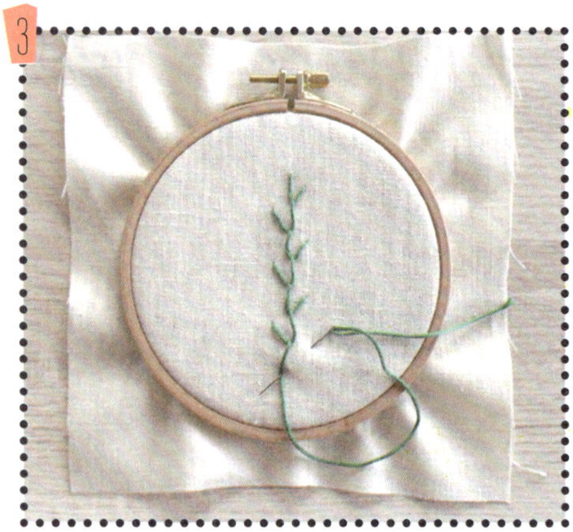

So fortfahren und abwechselnd rechts und links einstechen und nach unten hin arbeiten.

4

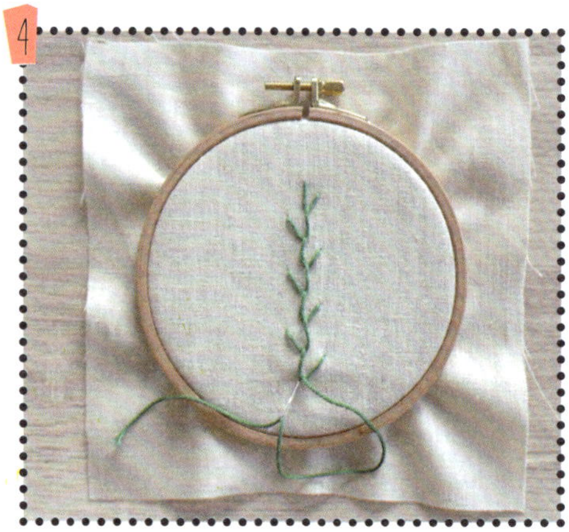

Zum Sichern den Faden unter der letzten Schlaufe auf die Rückseite führen.

DIE ANLEGETECHNIK

Bei der Anlegetechnik wird mit zwei unterschiedlichen Fäden gearbeitet, wobei der eine den anderen fixiert.

1

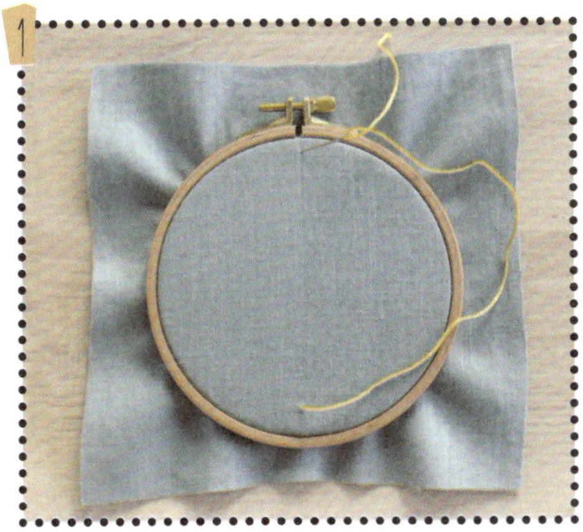

Mit dem ersten Faden ausstechen und an der anderen Seite der Stickfläche wieder einstechen.

2

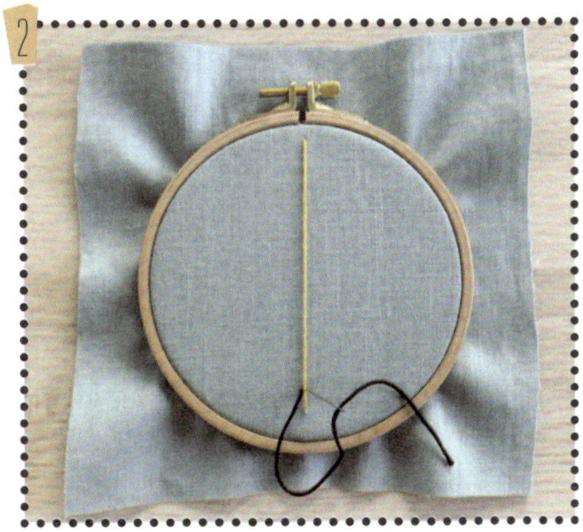

Mit dem zweiten Faden unten links neben dem ersten gespannten Faden ausstechen und eine kleine Brücke zur anderen Seite des ersten Fadens bilden und diesen so fixieren.

AUF GEHT'S!

Probieren Sie die Anlegetechnik beim Feder-Täschchen, Seite 68.

3

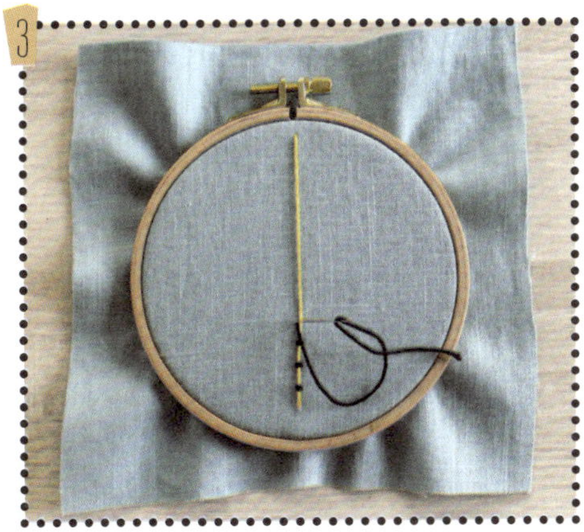

Diese kleinen Stiche in regelmäßigen Abständen wiederholen.

4

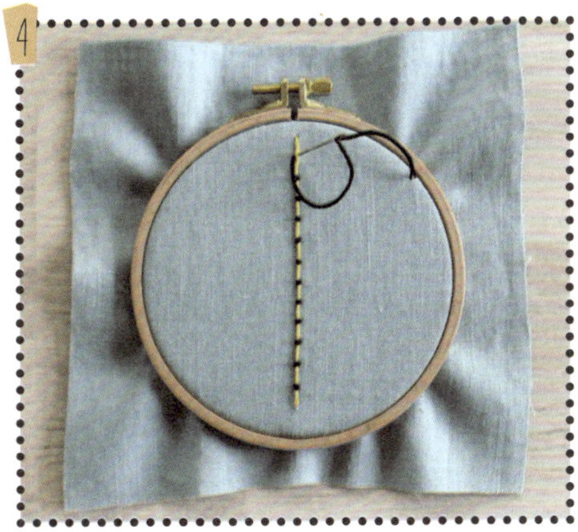

Der erste lange Faden wird durch die Stichfolge mit dem zweiten Faden fixiert. Der Abstand zwischen den Stichen kann variieren. Es ist auch möglich, den ersten Faden lose auf den Stoff zu legen und mit dem Daumen festzuhalten, während man mit dem zweiten Faden darüber stickt.

DER PLATTSTICH

Mit dem Plattstich kann man ganze Flächen füllen. Er besteht aus dichten Geradstichen.

1

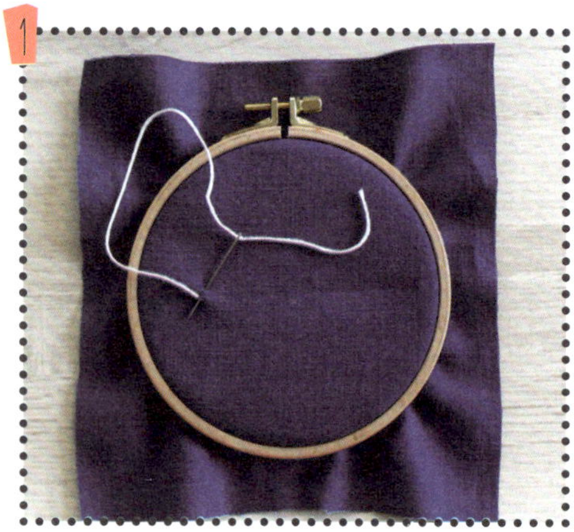

Die Nadel nach oben führen, wie bei dem Geradstich wieder einstechen (senkrecht, waagerecht oder diagonal) und dann direkt neben dem ersten Stich wieder ausstechen

2

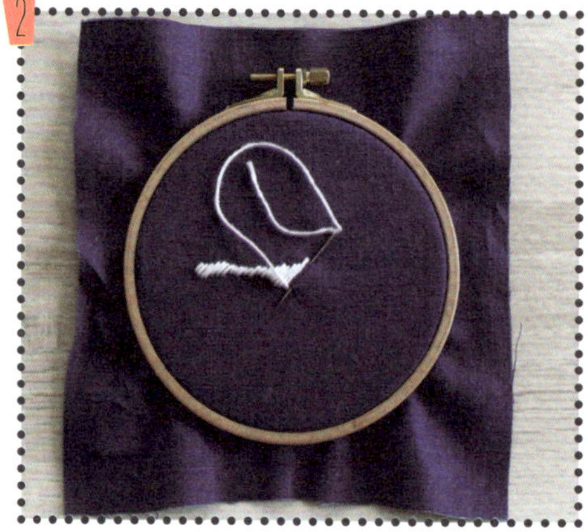

So mehrere parallele Geradstiche dicht nebeneinander ausführen. Die Höhe der Stiche kann variiert werden oder sehr gleichmäßig sein; dann entsteht ein gestrichelter Effekt.

3

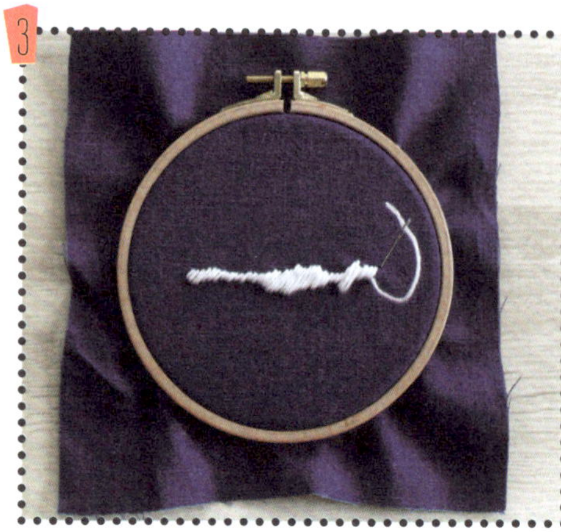

AUF GEHT'S!

Sticken Sie Ihren ersten Plattstich bei der Jacke mit Leopardenmotiv, Seite 56.

DER WICKELSTICH

AUF GEHT'S!

Sticken Sie Ihren ersten Wickelstich bei der Jacke mit Leopardenmotiv, Seite 56.

Den Wickelstich kann man gleich- oder ungleichmäßig verstreut, im Kreis oder zu mehreren gruppiert sticken und so kleine Blümchen kreieren.

1

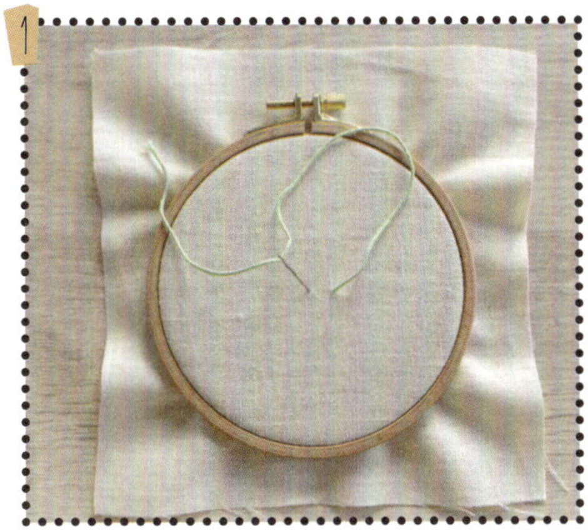

Die Nadel nach oben führen und in der gewünschten Richtung wieder einstechen.

2

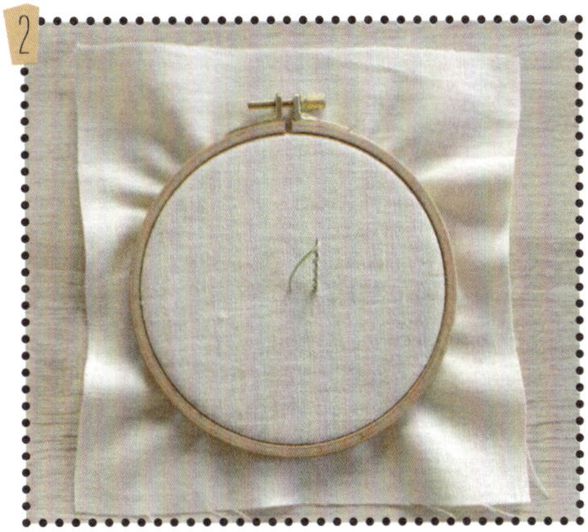

Die Nadel wieder zurück zum ersten Ausstich führen und den Faden fünfmal spiralartig darum wickeln. Den Faden mit der linken Hand festhalten und die Nadel vorsichtig durchziehen.

3

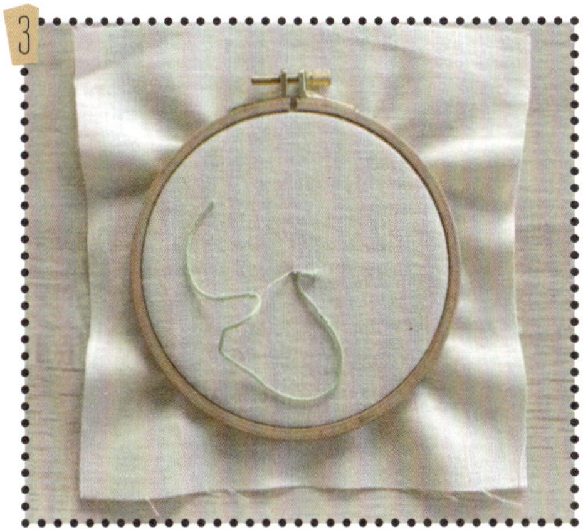

Den Faden weiterhin festhalten, in Richtung des zweiten Stichs führen und die Spirale festziehen. Die Nadel an der zweiten Einstichstelle wieder einstechen.

4

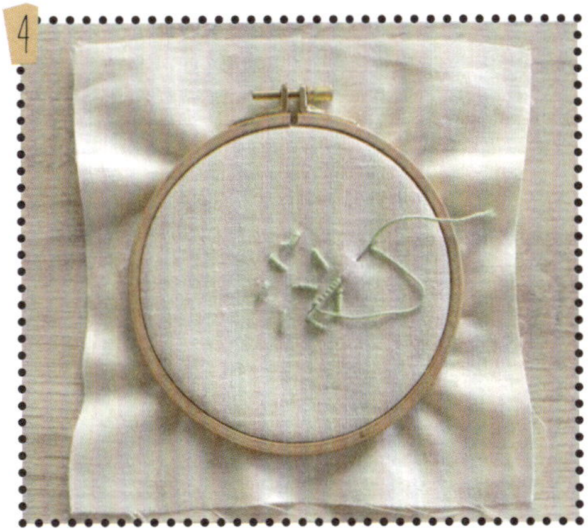

5

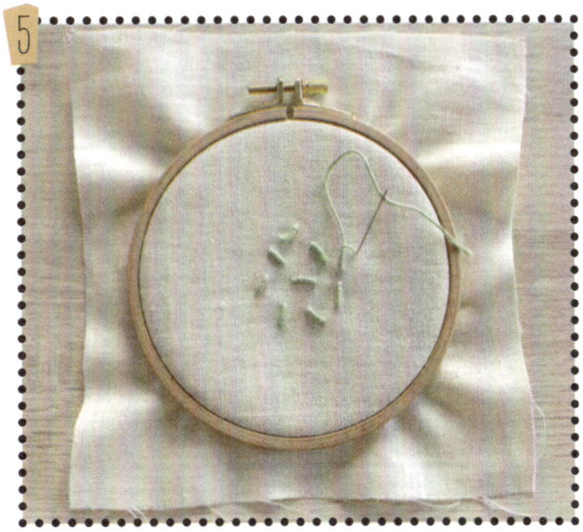

6

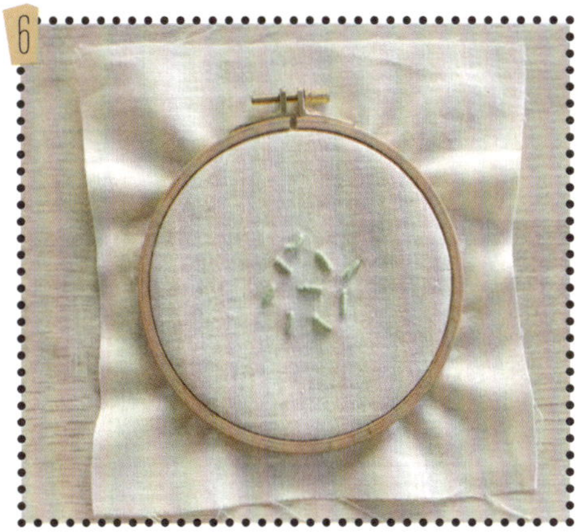

Der Stich kann als halber Stich ausgeführt werden, indem man die ersten drei Schritte wiederholt.

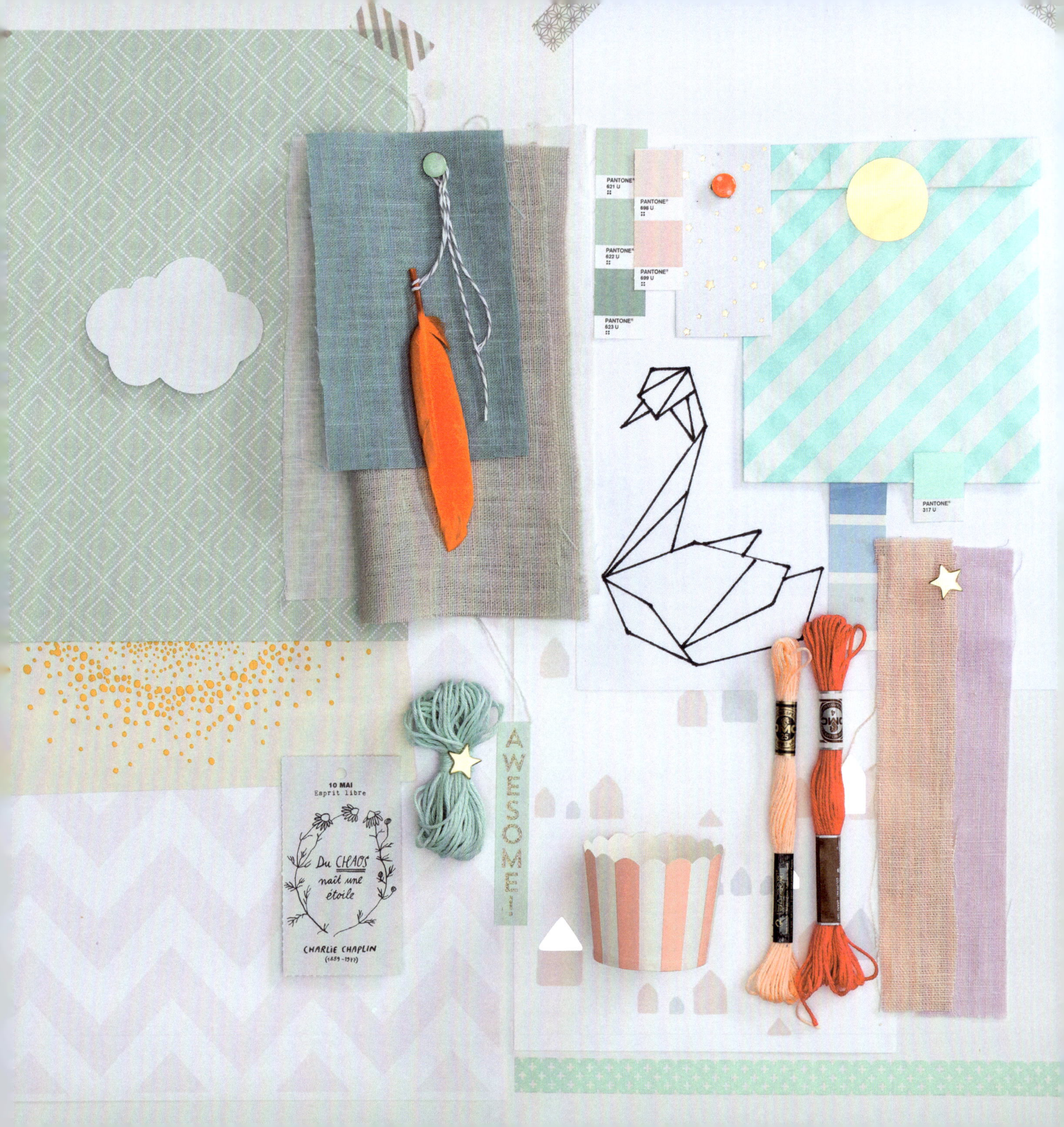

PANTONE® 621 U
PANTONE® 622 U
PANTONE® 623 U
PANTONE® 698 U
PANTONE® 699 U
PANTONE® 317 U
10 MAI
Esprit libre
Du CHAOS naît une étoile
CHARLIE CHAPLIN
(1889-1977)
AWESOME!

Stickprojekte

NOTIZBUCH MIT ORIGAMI-SCHWAN

Material

- *1 Notizbuch, 12 x 16,5 cm*
- *Baumwolltwist in Hellblau*
- *Sticknadel*
- *Karopapier*

- **Motivmaß:** *5 x 6,5 cm*

Motiv

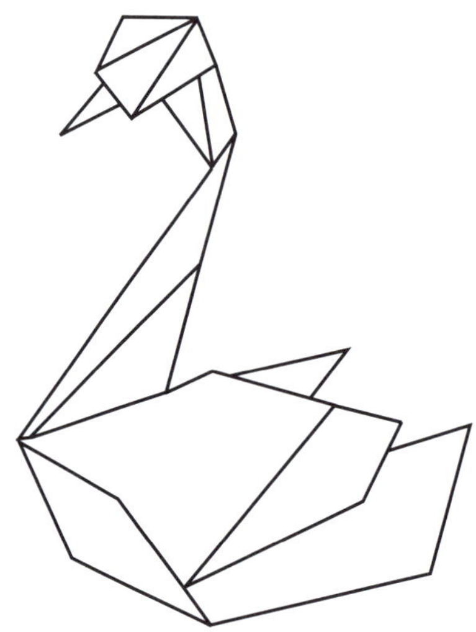

Angewandte Techniken

- *Wie beginnt man eine Stickarbeit, Seite 12*
- *Rückstich, Seite 16*

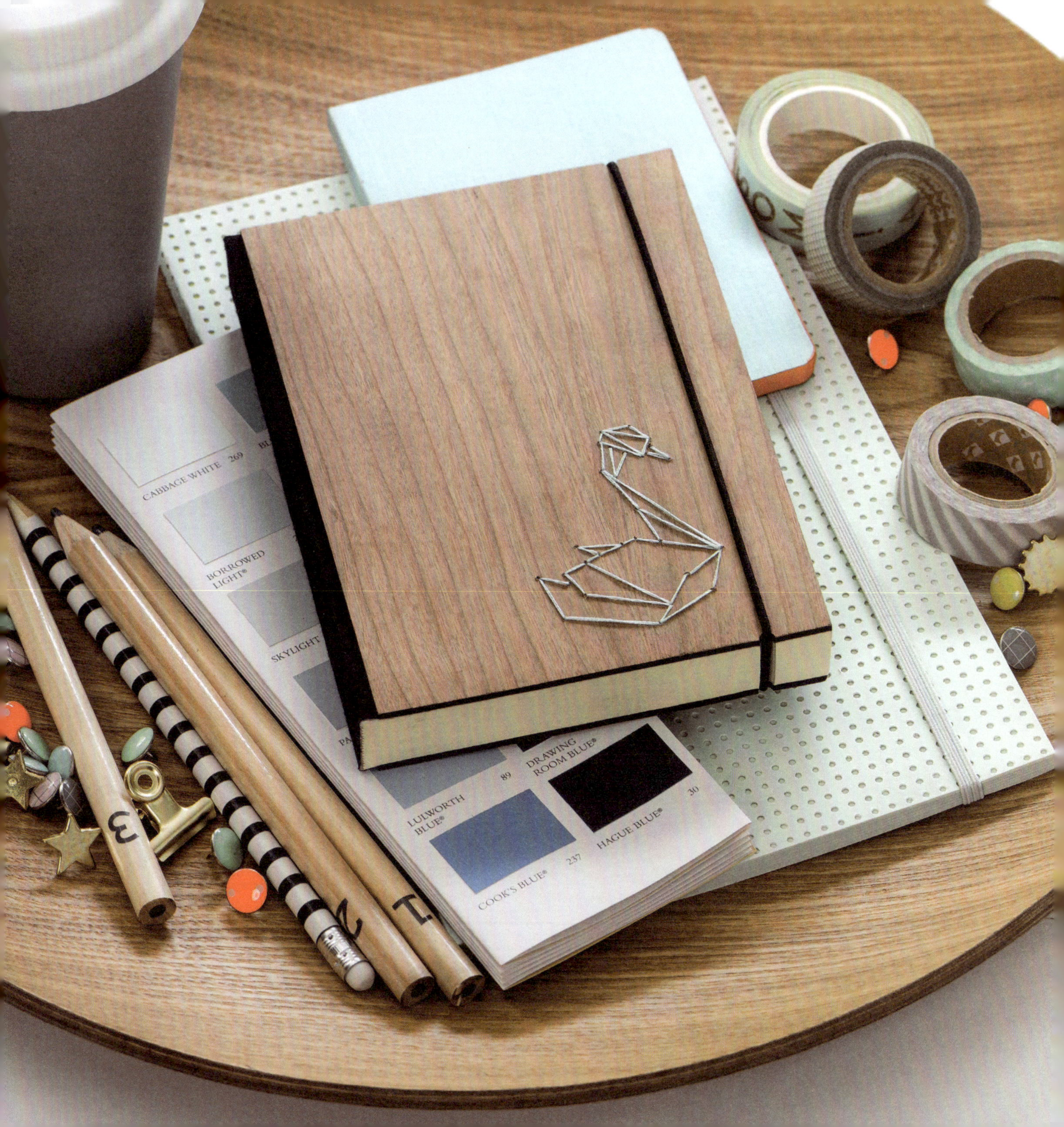
CABBAGE WHITE 269
BORROWED LIGHT®
SKYLIGHT
DRAWING ROOM BLUE®
LULWORTH BLUE® 89
HAGUE BLUE® 30
COOK'S BLUE® 237

Anleitung

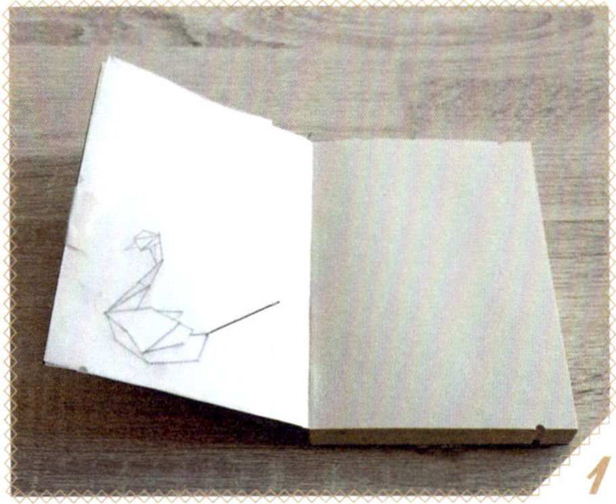

1 Das Origami-Schwanen-Motiv auf Karopapier übertragen.
Das Motiv unten links auf die Rückseite des Umschlags legen (Achtung, wenn das Notizbuch ein Gummi hat, dieses vorher nach hinten legen).
Siehe Wie beginnt man eine Stickarbeit, Seite 12
Mit einer dicken, spitzen Nadel an den Kreuzungspunkten der Linien vorsichtig einstechen.

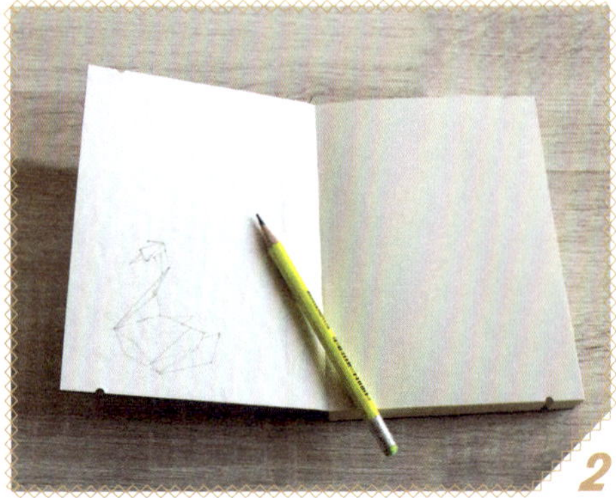

Das Karopapier wegnehmen. Mit einem Bleistift die Punkte miteinander verbinden und so das Motiv als Vorlage für die Stickerei aufzeichnen.

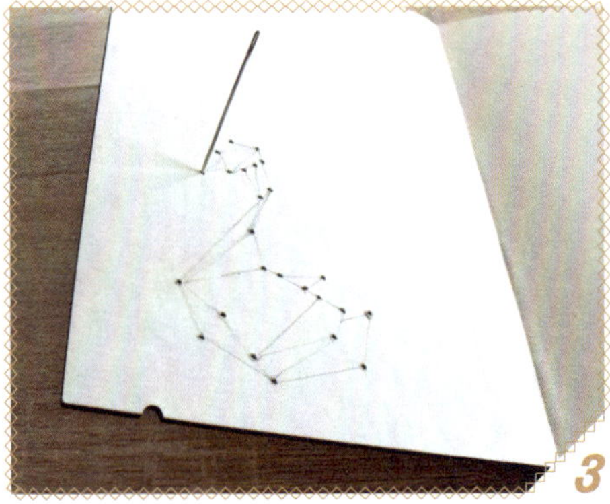

Vorsichtig die Punkte einstechen und dafür die Nadel fest in das Papier stecken. Die Nadelspitze sollte auf der anderen Seite zu spüren sein.

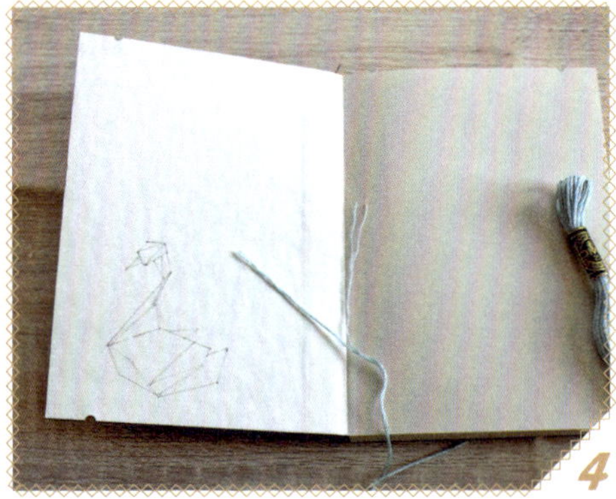

Zwei Einzelfäden in die Sticknadel einfädeln.

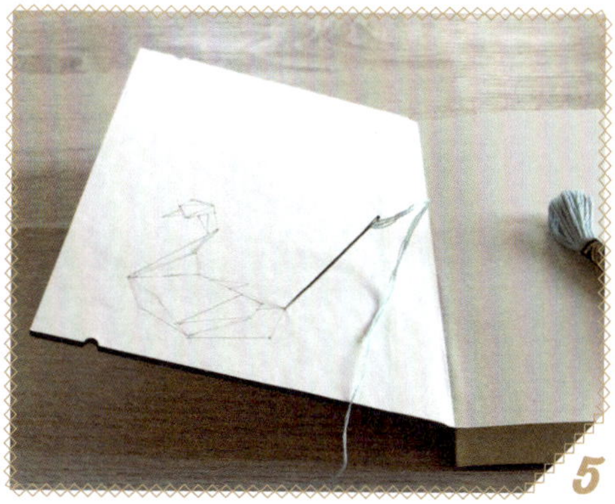

Die Nadel auf Höhe des Schwanzes von der Rück- auf die Vorderseite führen.

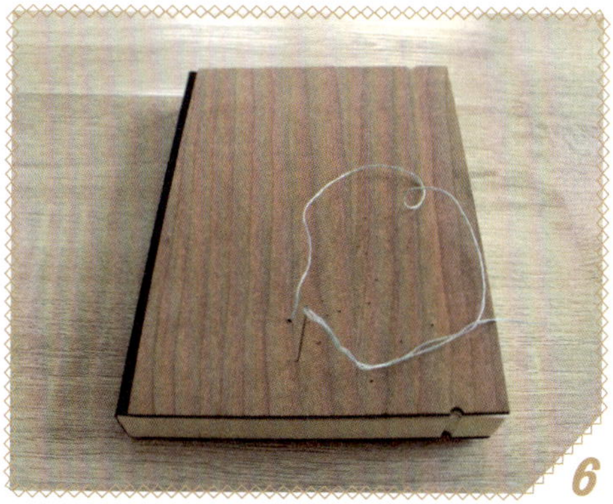

Die Nadel von Loch zu Loch führen und nach und nach von der rechten auf die linke Seite des Umschlags stechen, dabei Rückstiche sticken.
Siehe Rückstich, Seite 16

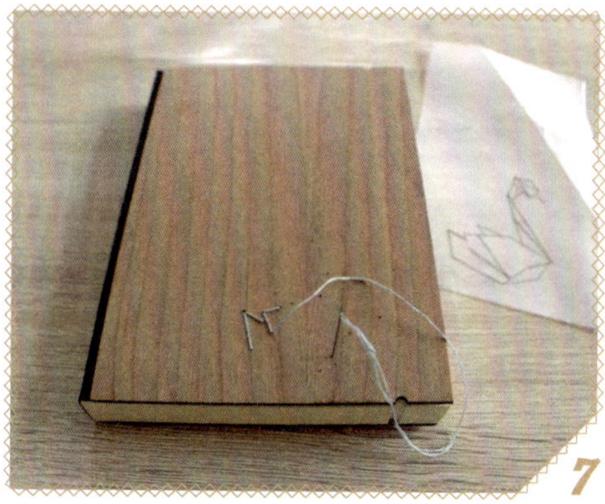

Von Loch zu Loch arbeiten und das Schwanenmotiv sticken.

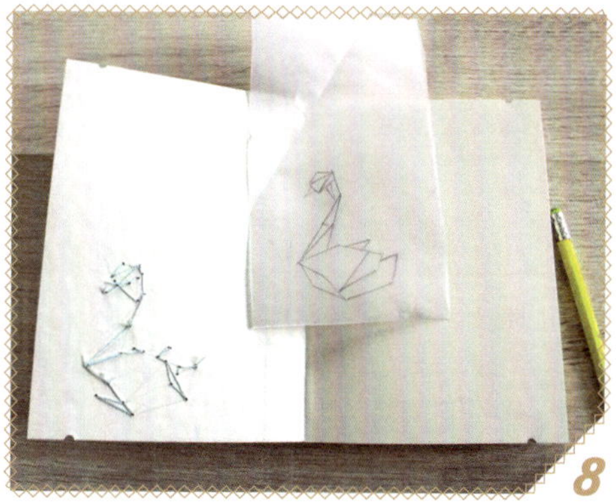

Achtung, die Stichlängen sollte kurz sein. Der Faden braucht sich auf dem Karton schneller als auf Stoff auf.

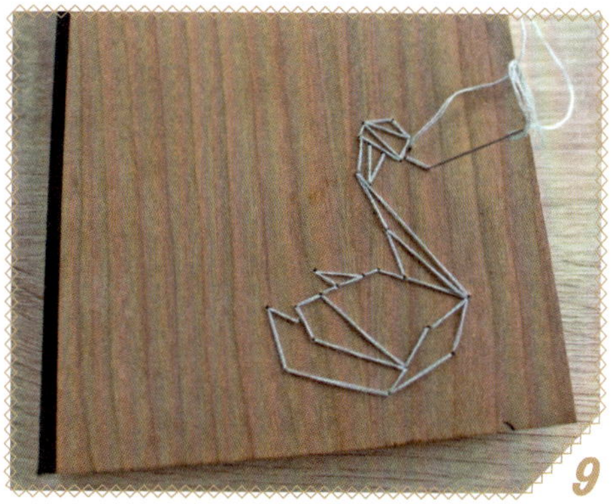

Den Faden auf der Rückseite sichern, wenn das Motiv vom Schwanz bis zum Schnabel gestickt ist!

WOLKENBILD

Material

- Bilderrahmen, 18 x 32 cm
- Passepartout, 9 x 14 cm
- 1 Bogen weißer Bastelfilz
- 1 Bogen hellblauer Bastelfilz
- weißer Bastelfilz, 9 x 14 cm
- cremeweißes Leinen, 17 x 22 cm
- Sticknadel
- löschbarer Tintenroller oder Kohlepapier
- Universalkleber
- Stickring
- Metallic-Stickgarn in Silber

- Motivmaß: 7,5 x 10,5 cm

Motiv

Angewandte Techniken

- Wie beginnt man eine Stickarbeit, Seite 12
- Schlingenstich, Seite 19

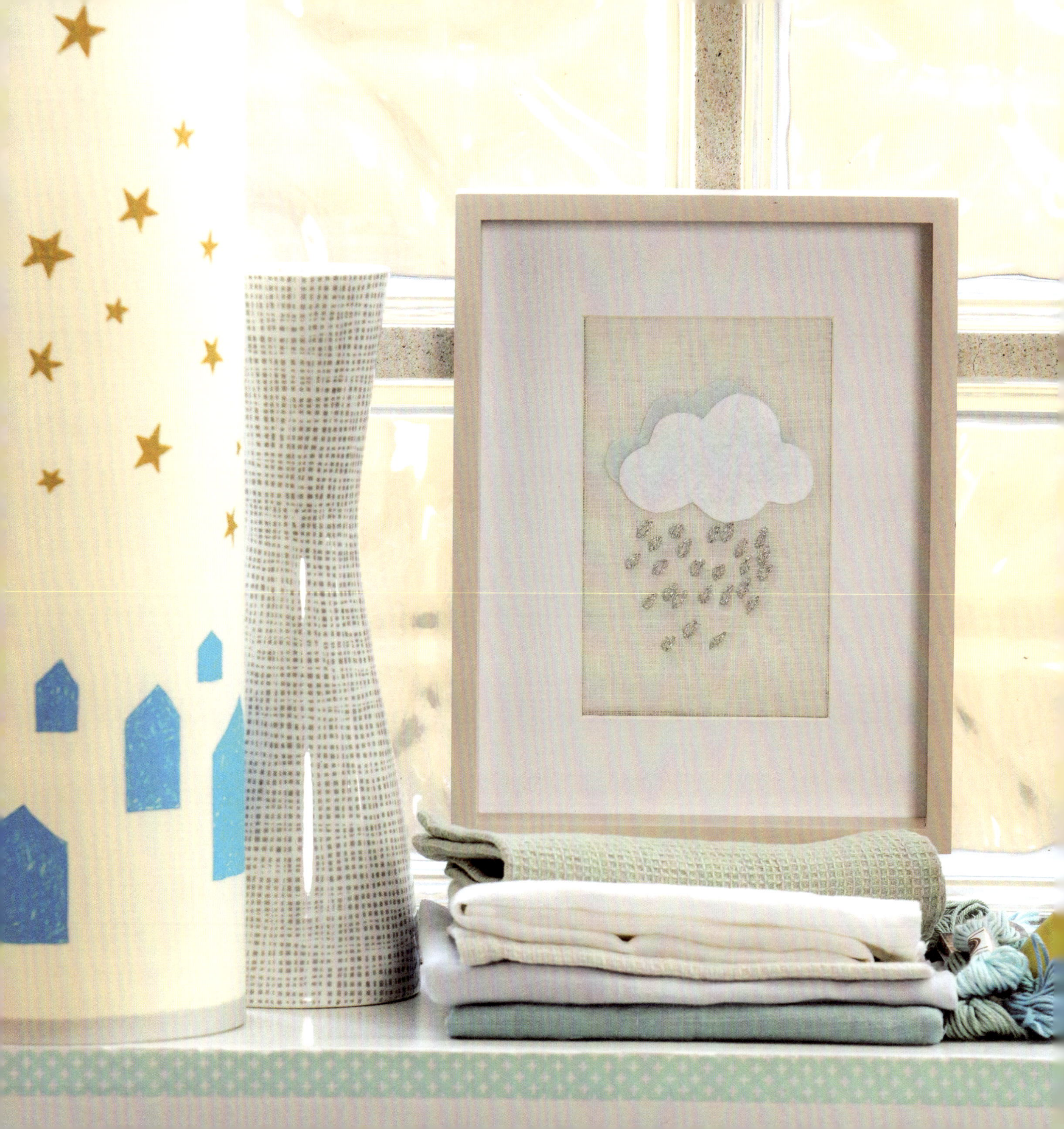

Anleitung

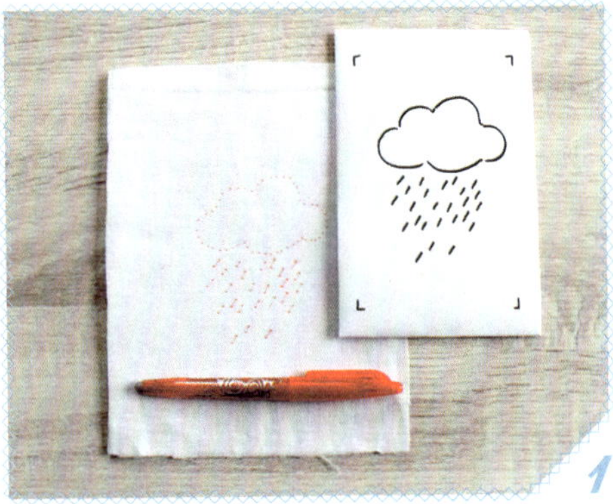

Wenn der Stoff leicht durchsichtig ist, mit dem löschbaren Stift oder mit Kohlepapier das Wolkenmotiv mittig auf den Leinenstoff übertragen.
Siehe Wie beginnt man eine Stickarbeit, Seite 12

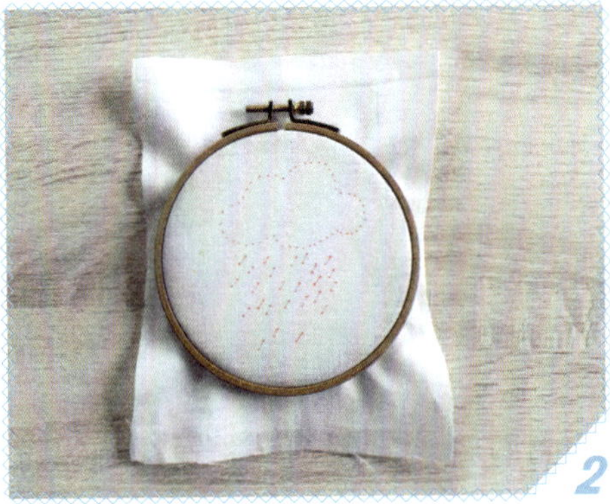

Das Leinen in den Stickring einspannen.

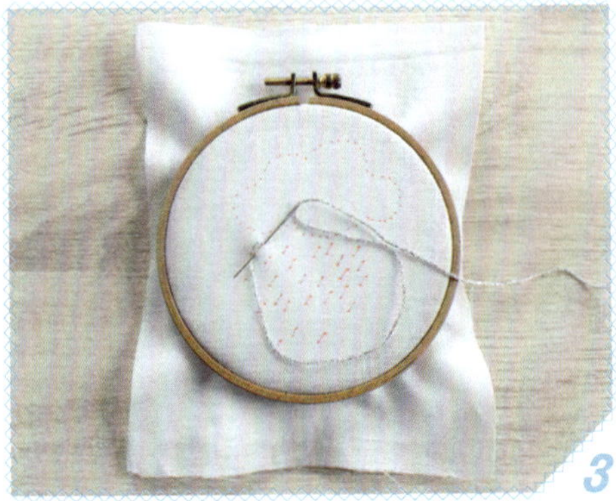

Das silberne Metallicgarn in eine mittlere Sticknadel einfädeln. Die kleinen Striche des Motivs mit einem Schlingenstich sticken.
Siehe Schlingenstich, Seite 19

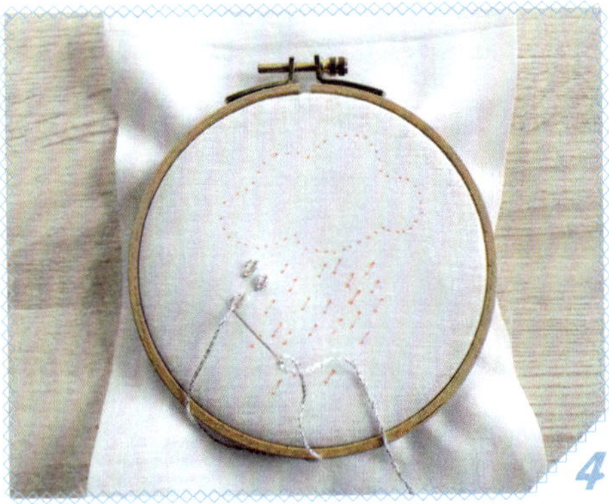

Verstreute Schlingenstiche sticken.

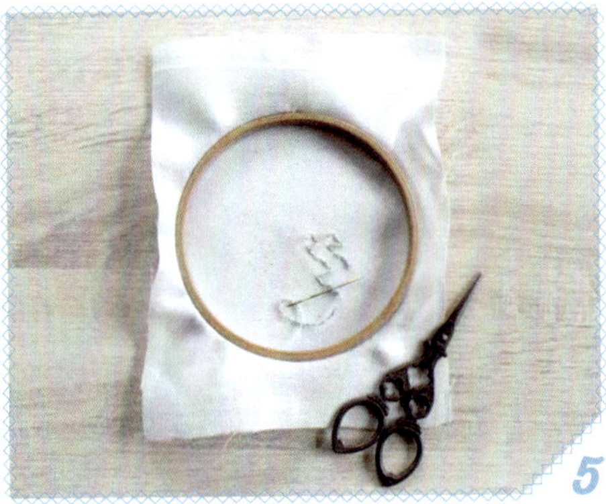

Wenn der Faden zu Ende geht, diesen vernähen und einen neuen einfädeln.

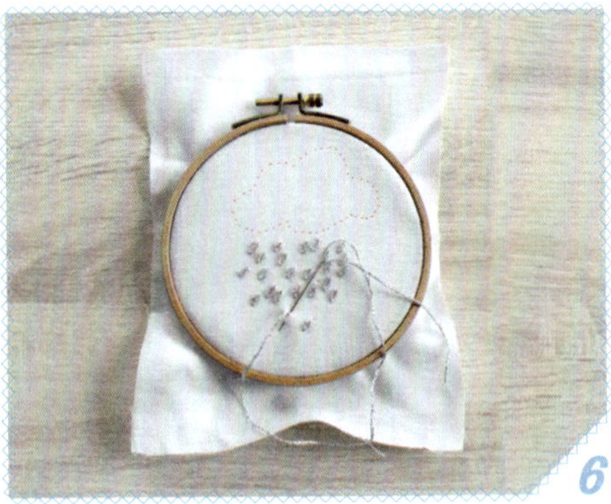

Die verstreuten Schlingenstiche fertigstellen.

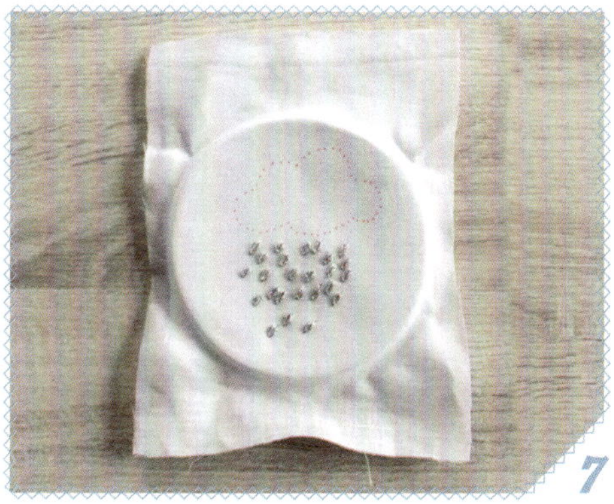

7

Den Stoff aus dem Stickring lösen.

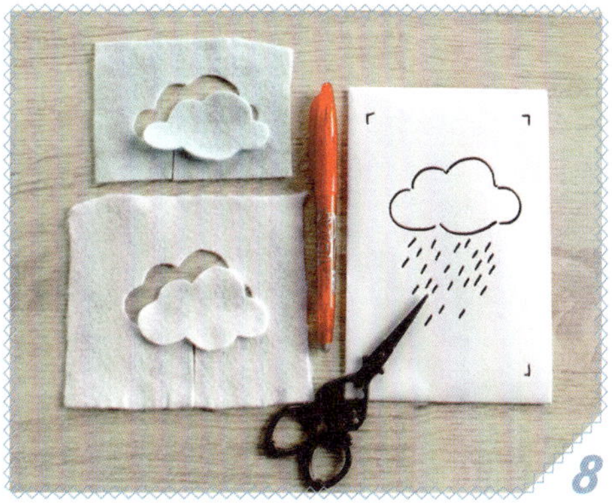

8

Mit dem löslichen Stift auf den weißen und blauen Filz die Wolke zeichnen und ausschneiden.

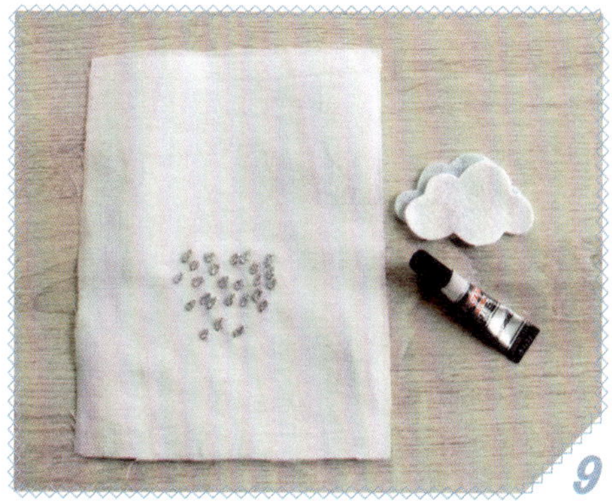

9

Die Rückseite der weißen Wolke mit Kleber bestreichen und versetzt auf die Vorderseite der blauen Wolke kleben.

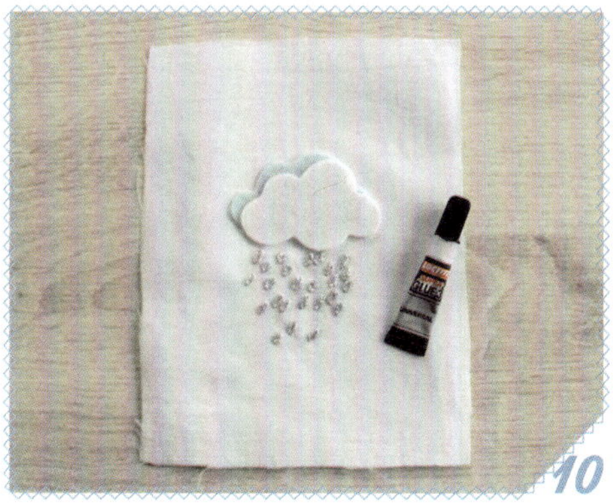

10

Die zweifarbige Wolke auf der Rückseite mit Kleber bestreichen und über der Stickerei auf den Stoff kleben.

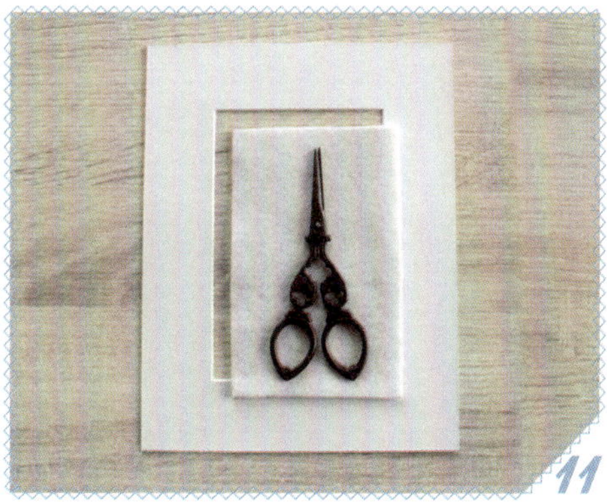

11

Aus dem weißen Filz ein Rechteck in den Maßen des Passepartouts zuschneiden.

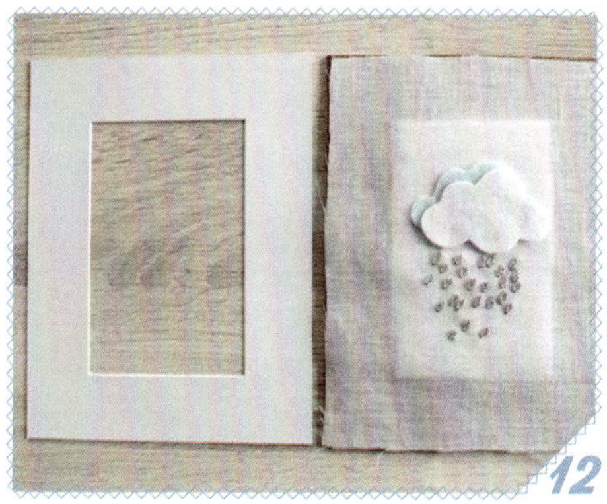

12

Das Glas aus dem Bilderrahmen nehmen, den Filz und dann das bestickte Leinen hineinlegen. Zum Schluss das Passepartout darauflegen.

STICKBILD GOLDENER KÄFIG

Material

- *1 Stickring, 10 cm Durchmesser*
- *blaues Leinen, 25 x 25 cm*
- *Metallic-Stickgarn in Kupfer*
- *Baumwolltwist in Neonorange*
- *Sticknadel*
- *löschbarer Tintenroller oder Kohlepapier*
- *festes Nähgarn*
- *Nähnadel*

- **Motivmaß:** *3,5 x 7 cm*

Motiv

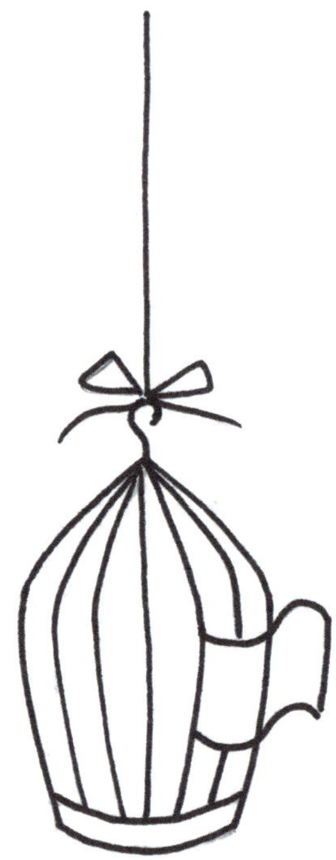

Angewandte Techniken

- *Wie beginnt man eine Stickarbeit, Seite 12*
- *Vorstich, Seite 15*
- *Stielstich, Seite 18*

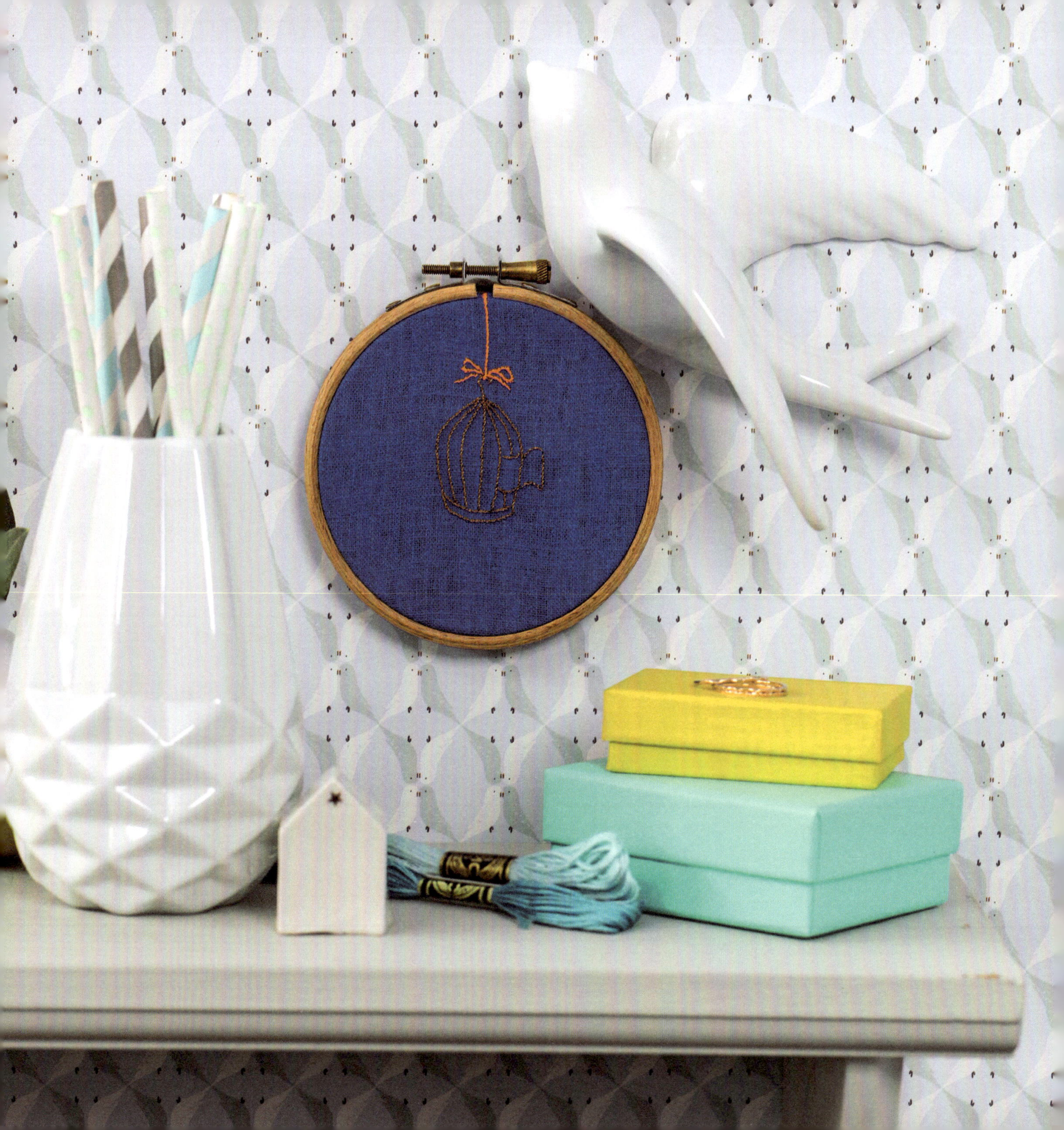

Anleitung

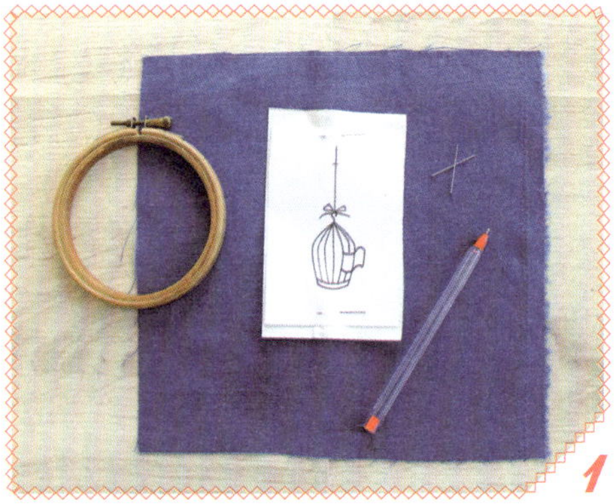

1

Den Stoff so zuschneiden, dass er ungefähr 2,5x so breit und hoch ist wie der Stickring.
Mit Kohlepapier das Motiv auf den Stoff übertragen.

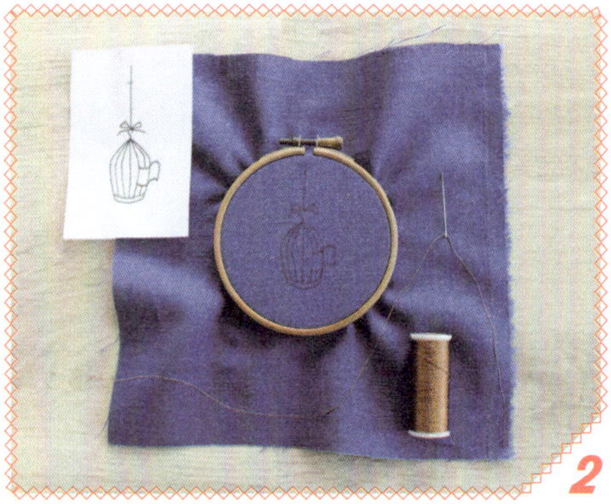

2

Weil der Stoff recht dunkel ist, die Zeichnung mit dem löschbaren Stift nachfahren, damit man sie besser erkennt. Den Stoff in den Stickring einspannen (der später als Rahmen dient).
Einen Faden vom kupferfarbenen Metallicgarn einfädeln.
Siehe Wie beginnt man eine Stickarbeit, Seite 12

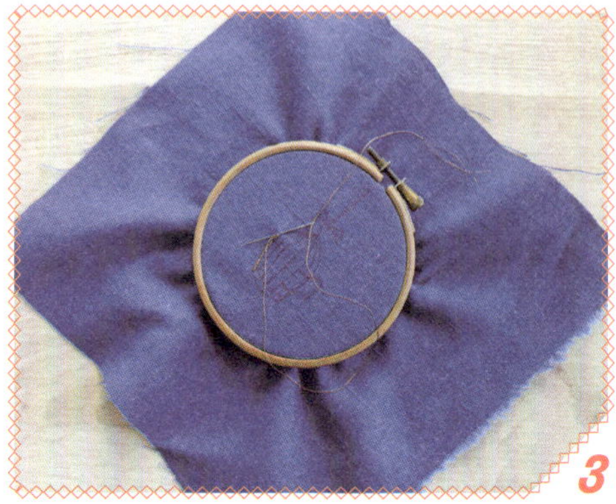

3

Den Käfig mit dem Stielstich sticken.
Siehe Stielstich, Seite 18

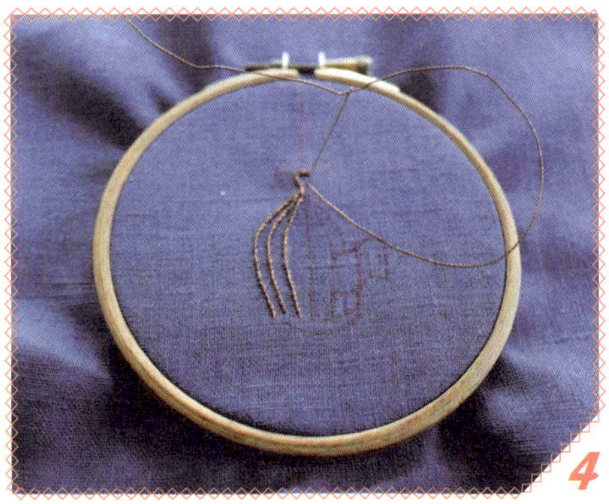

4

Die Käfigstangen jeweils von unten nach oben sticken und die Stickrichtung beibehalten. Den Faden jeweils vernähen und bei jeder Stange neu beginnen oder mit einem großen Geradstich auf der Rückseite von Stange zu Stange arbeiten, wenn der Stoff dunkel ist.

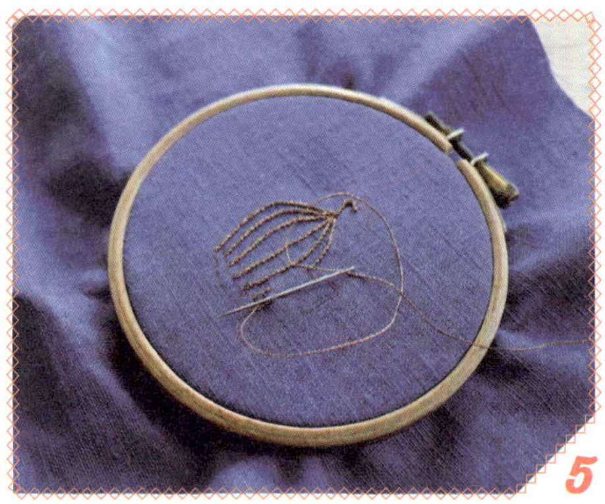

5

Den Käfig fertig sticken.

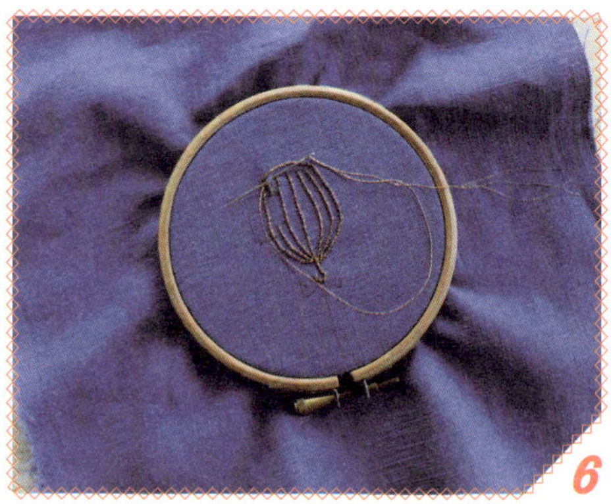

6

Den Boden unten in parallelen Linien und oben den Haken sticken.

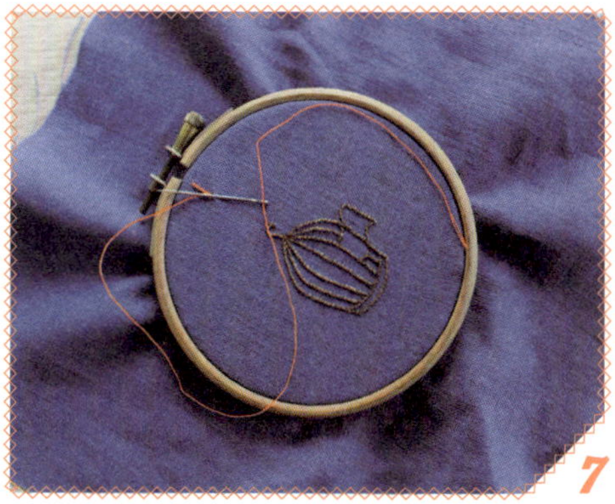

7

Mit einem neonfarbenen Faden ebenfalls im Stielstich das Aufhängeband sticken.

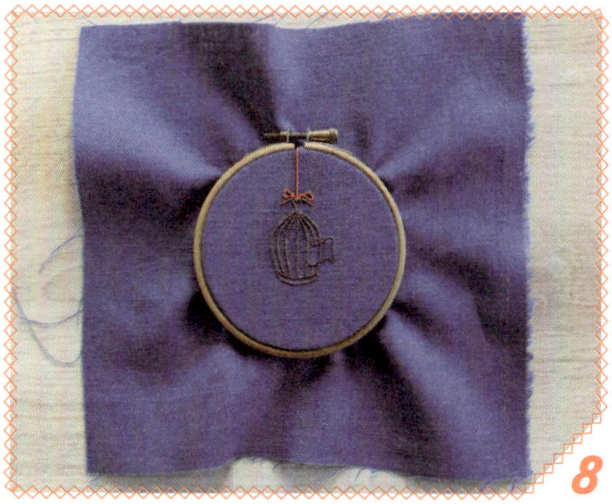

8

Ebenso die kleine Schleife.

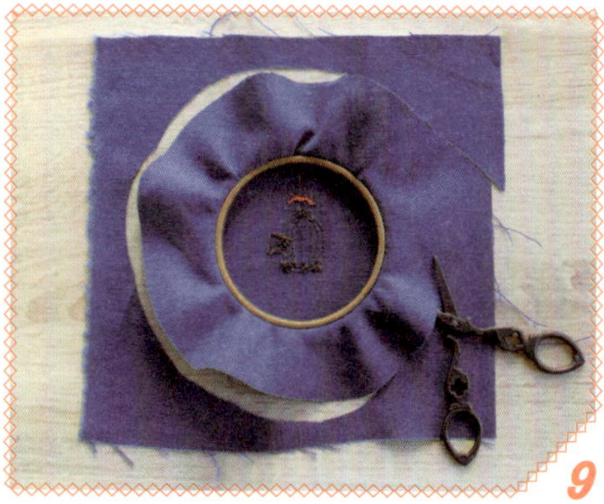

9

Die Stickarbeit wenden und den Stoff auf etwa 5 cm Nahtzugabe zurückschneiden.

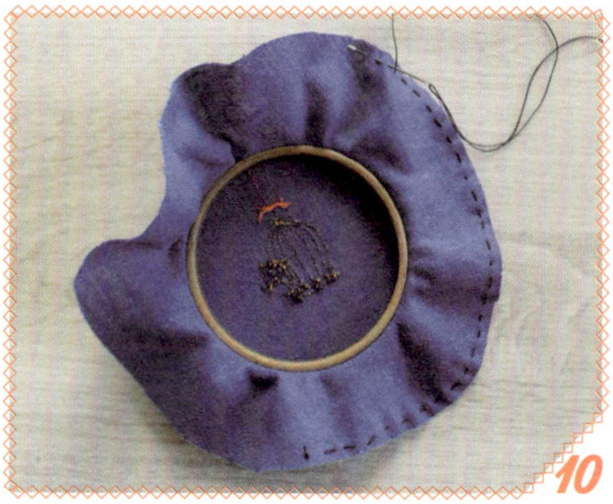

10

Mit festem Nähgarn 5 mm neben der Kante den Stoff mit Vorstichen umnähen.
Siehe Vorstich, Seite 15

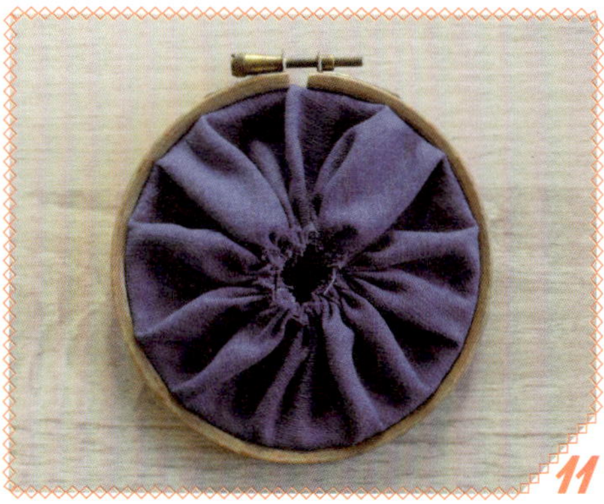

11

Den Faden fest anziehen und den Stoff so auf der Rückseite zusammenziehen.

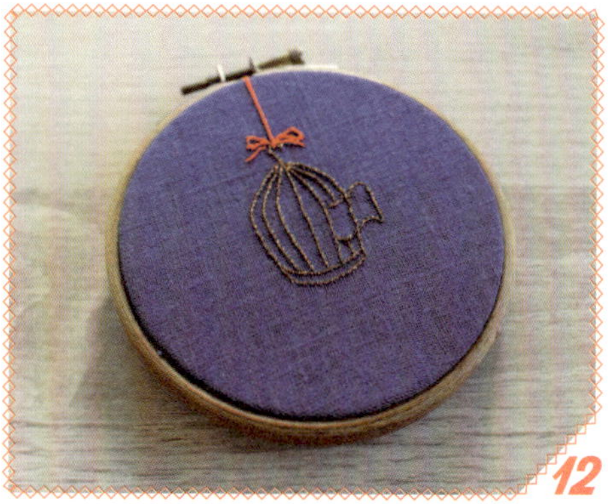

12

Für einen schönen Abschluss den inneren Stickring leicht nach oben schieben.

UMHÄNGEBEUTEL MERCI

Material

- *Umhängebeutel, 38 x 41 cm*
- *verzwirntes Baumwollgarn in Schwarz, Rosa, Gelb, Dunkelblau und Hellblau*
- *verzwirntes Baumwollgarn in Neongelb*
- *Metallic-Stickgarn in Silber*
- *Stickring*
- *Sticknadel mit großem Öhr*
- *löschbarer Tintenroller oder Kohlepapier*

- **Motivmaß:**
  das Wort „merci“ misst 21 x 5 cm

Angewandte Techniken

- *Wie beginnt man eine Stickarbeit, Seite 12*
- *Knötchenstich, Seite 27*

Motiv

merci

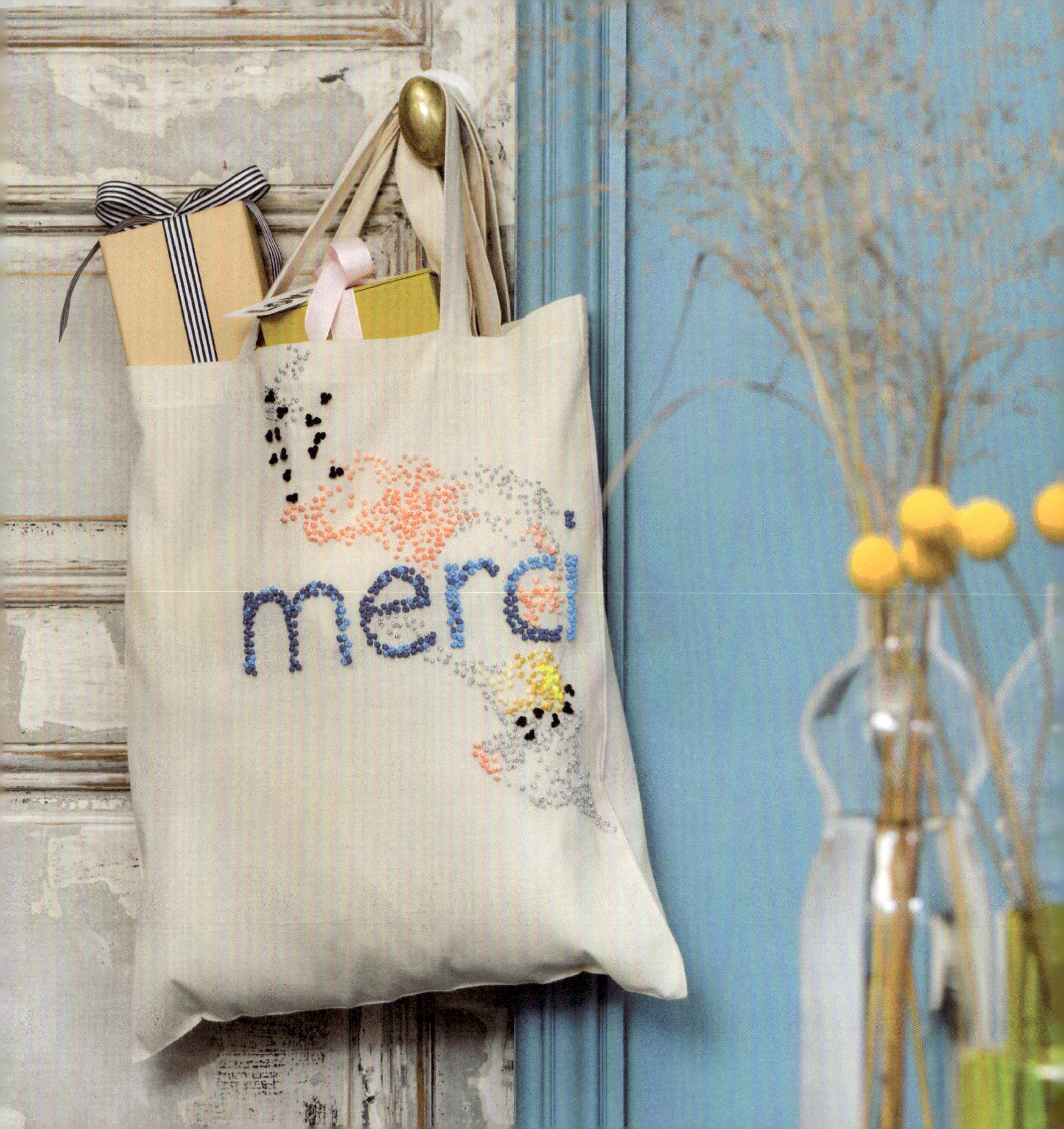
merci

Anleitung

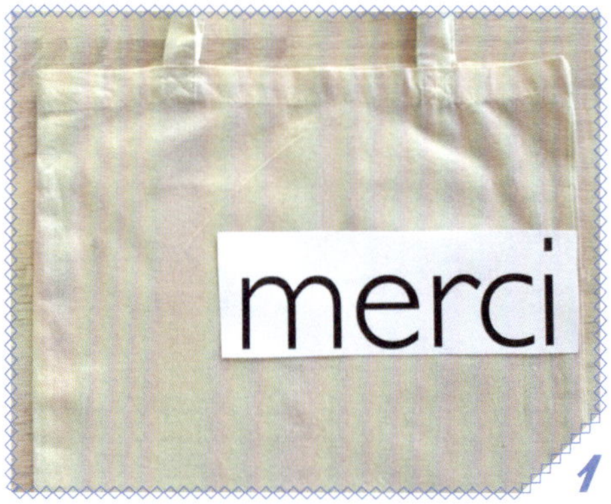

Das Motiv „merci" kopieren und für den Beutel zurechtschneiden. Die Platzierung auswählen.

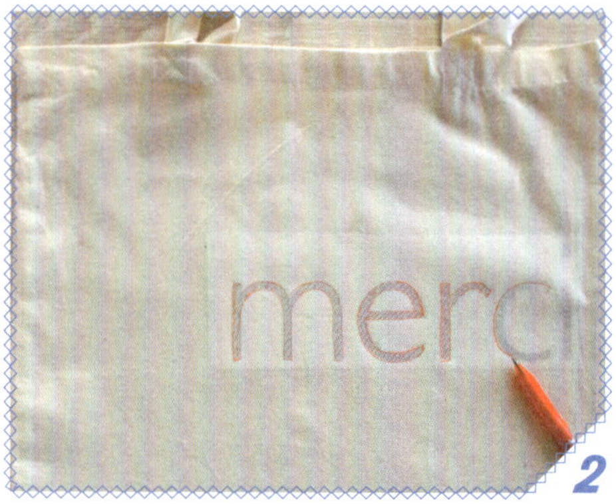

Da der Stoff solcher Beutel meist recht dünn ist, kann das Motiv mit einem löschbaren Stift von der Rückseite durchgepaust werden.

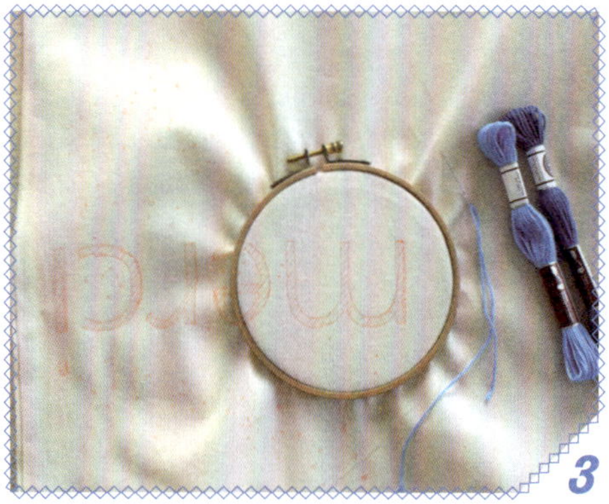

Den Stickring über dem ersten Buchstaben spannen. Einen Faden in Blau in eine Nadel mit mittelgroßem Öhr einfädeln.

Siehe Wie beginnt man eine Stickarbeit, Seite 12

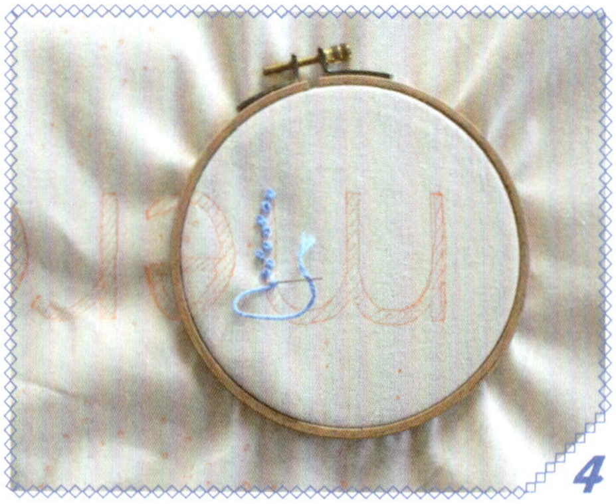

Die Buchstaben im Knötchenstich mit zwei Umwicklungen sticken.

Siehe Knötchenstich, Seite 27

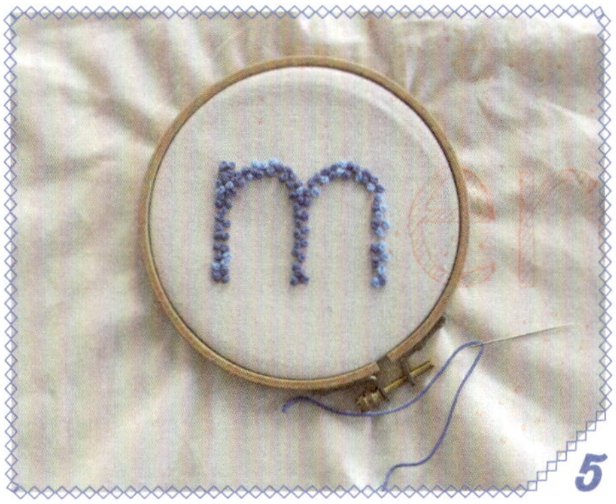

Einen Buchstaben jeweils in zwei unterschiedlichen Blautönen sticken.

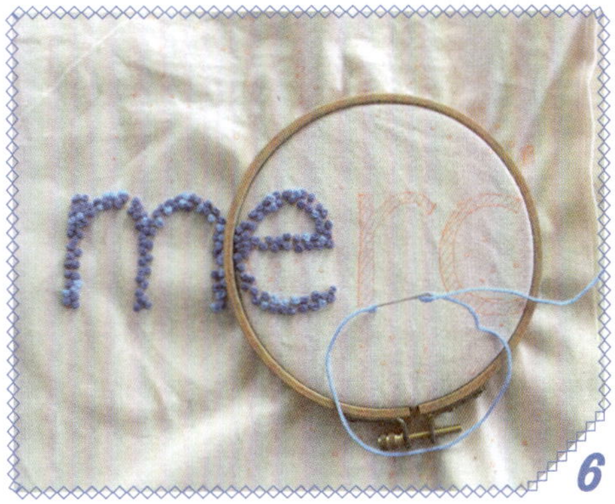

Zum Sticken der einzelnen Buchstaben den Stickring jeweils verschieben.

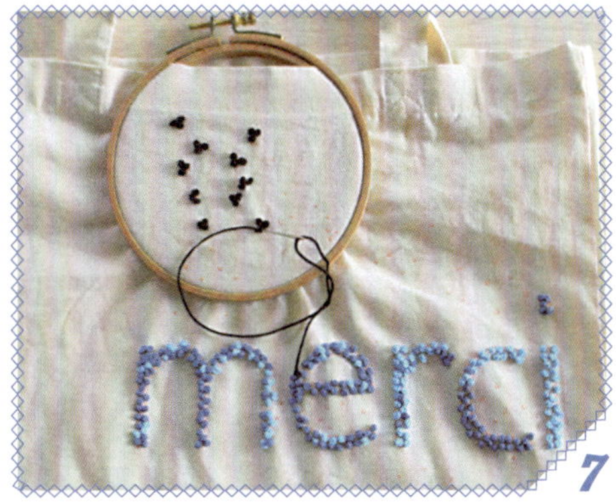

Die verstreuten Knötchenstiche in Schwarz in Dreiergruppen sticken, jeweils mit zwei Umwicklungen. Den Faden jeder Dreiergruppe auf der Rückseite vernähen, damit man ihn auf der Vorderseite nicht sieht.

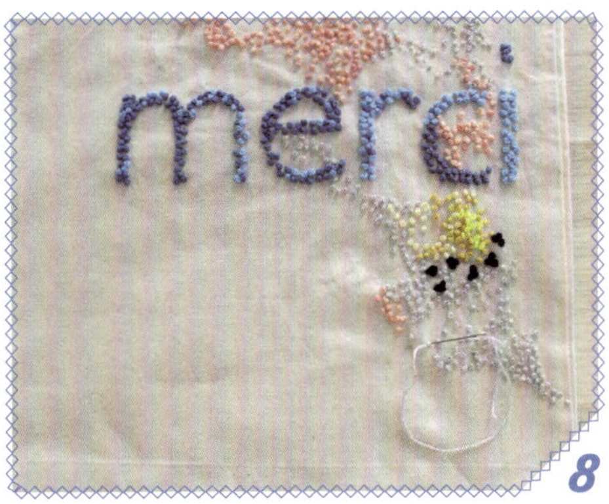

Die verstreuten Knötchenstiche nach und nach jeweils mit zwei Umwicklungen Farbe für Farbe sticken.

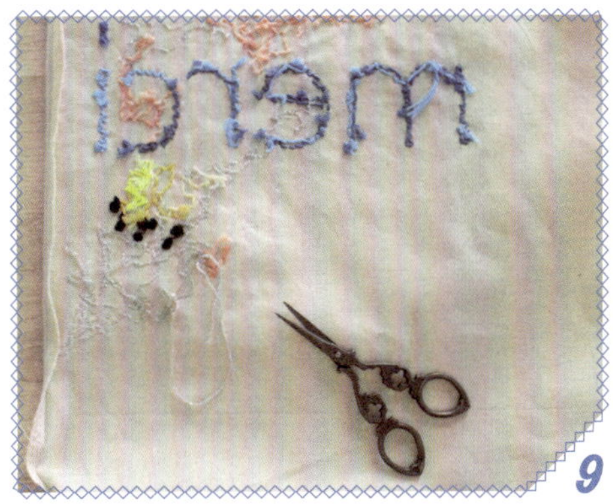

Der Metallicfaden wird ebenfalls im Knötchenstich mit zwei Umwicklungen gestickt.

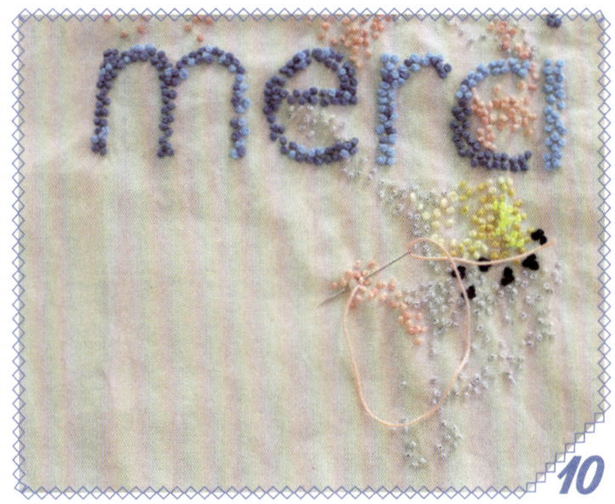

Wenn man diesen Stich beherrscht, kann man ihn auch ohne Stickring sticken.

RIPPENTOP MIT PFEILMUSTER

Material

- ***weißes Rippentop mit ca. 5 mm breiten Rippen***
- ***verzwirntes Baumwollgarn in Weiß***
- ***Metallic-Stickgarn in Silber***
- ***Stickring***
- ***Sticknadel mit großem Öhr***
- ***löschbarer Tintenroller***

- **Motivmaß:**
  Motivmaß: Stichbreite 1,25 cm

Motiv

Angewandte Techniken

- ***Wie beginnt man eine Stickarbeit, Seite 12***
- ***Vorstich, Seite 15***
- ***Verbundener Fliegenstich, Seite 23***

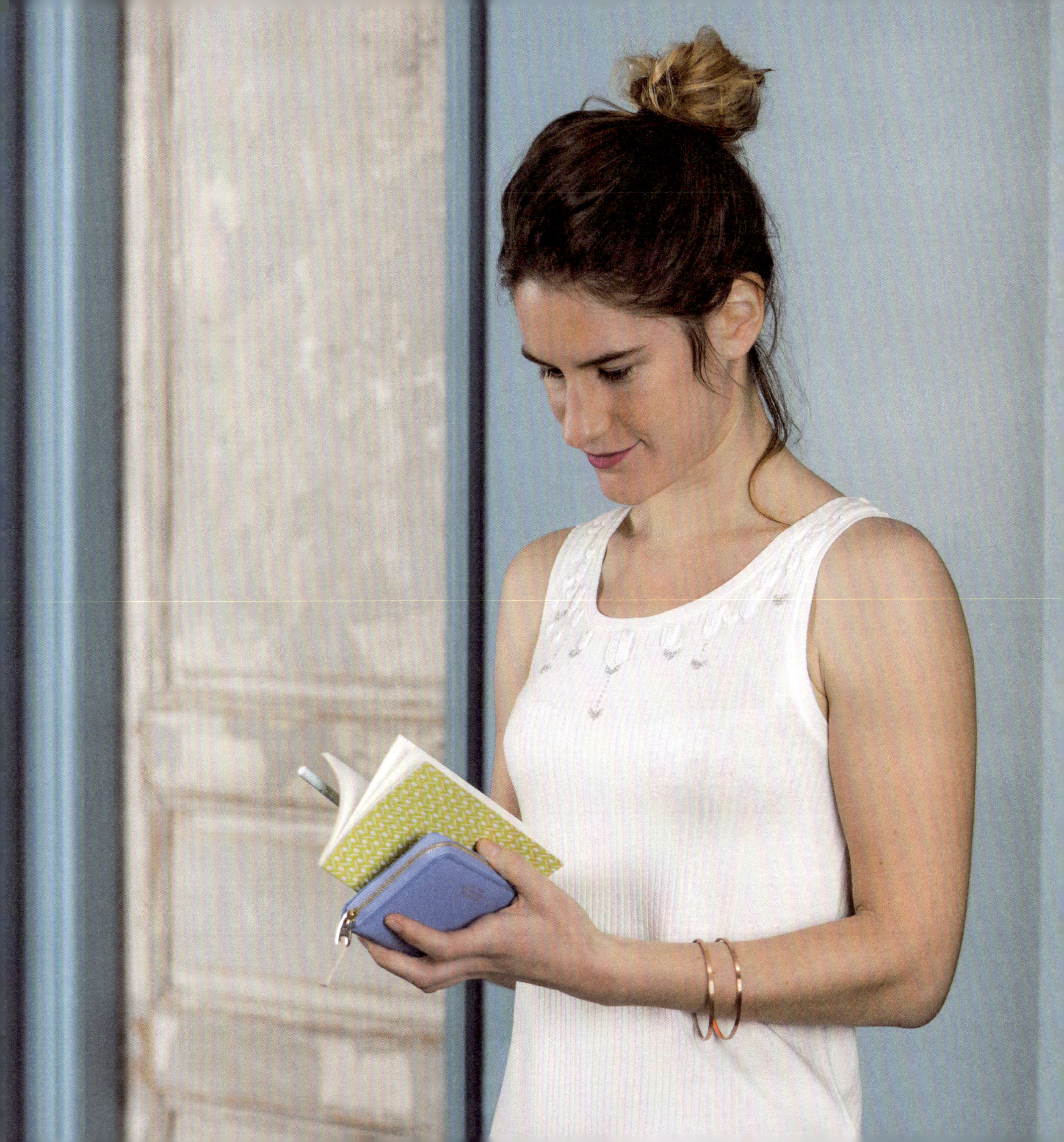

Anleitung

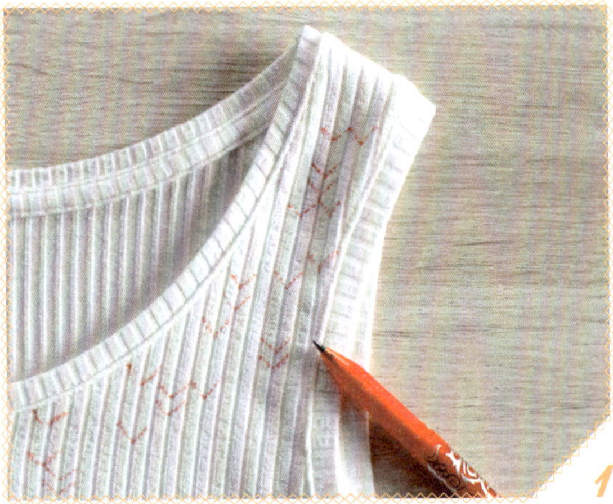

1

Mit dem löschbaren Stift die verbundenen Fliegenstiche auf dem Top vorzeichnen. Dafür zwei offene V im Abstand von 5 bis 25 mm zeichnen. Sie sollten zwischen der rechten und linken Schulter asymmetrisch verlaufen und in der Mitte ein hübsches, symmetrisches Muster bilden. Dann das Top in den Stickring spannen.

Siehe Wie beginnt man eine Stickarbeit, Seite 12

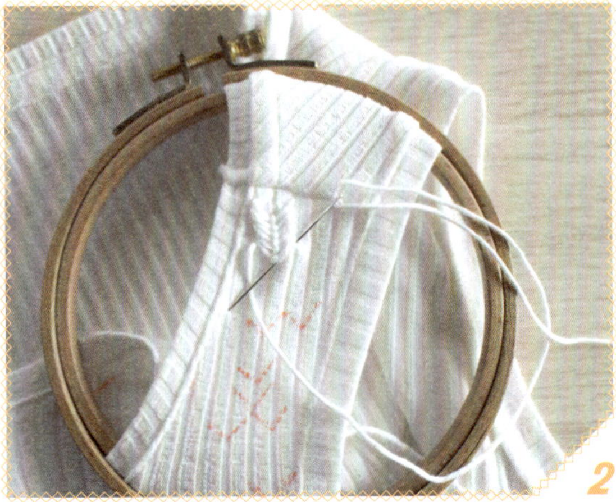

2

Achtung, das Top nicht zu sehr dehnen, damit die Stiche nicht verzerrt werden. Mit weißem Garn die Fliegenstiche übereinander sticken und mit kleinen senkrechten Stichen verbinden. Achten Sie darauf, locker zu sticken und den Faden nicht zu sehr zu ziehen, damit die Stiche gleichmäßig aussehen.

Siehe Verbundener Fliegenstich, Seite 23

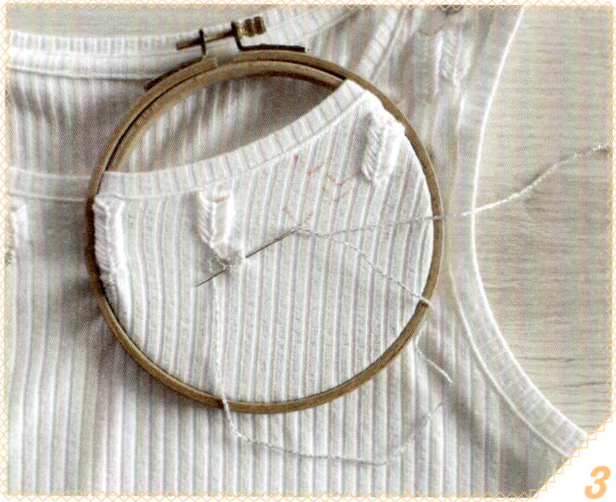

3

Als Blickfang mit einem silbernen Faden mehrere dreifache verbundene Fliegenstiche sticken.

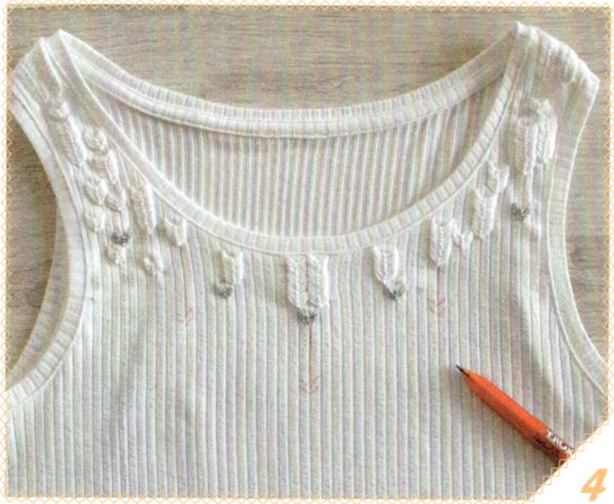

4

Zum Schluss für einen zusätzlichen Akzent mit dem löslichen Stift drei senkrechte Linien unter die mittleren Motive zeichnen, diese symmetrisch anordnen.

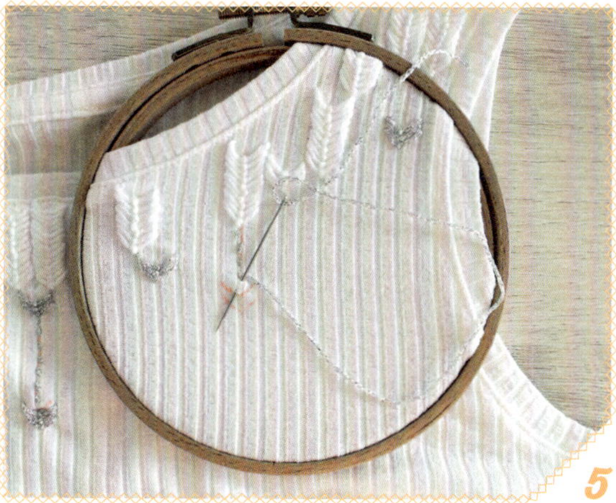

5

Diese Linien mit einem silbernen Faden in Vorstichen sticken.
Siehe Vorstich, Seite 15

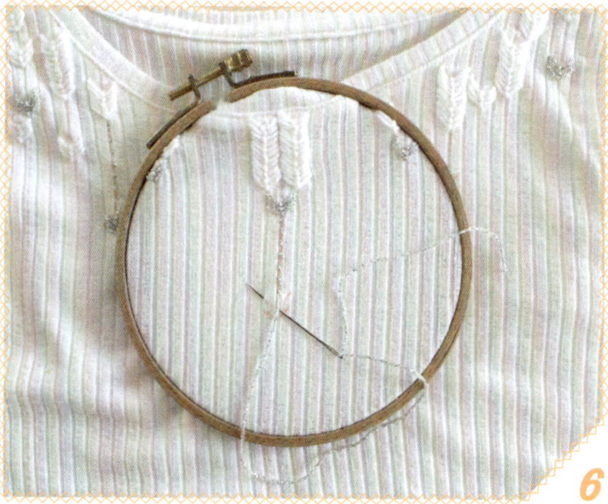

6

Mit demselben Faden anschließend wie zuvor drei verbundene Fliegenstiche an das Ende der Linien sticken.

PFLANZENKISTE

Material

- *Gemüsesteige, Seitenlatte 11 x 50 cm*
- *Leinen in Cremeweiß, 50 x 40 cm*
- *Baumwolltwist in 5 verschiedenen Grüntönen und in Hellblau*
- *1 Rolle Metallic-Stickgarn in Dunkelgold*
- *Stickring*
- *Sticknadel mit mittelgroßem Öhr*
- *löschbarer Tintenroller*

- **Motivmaß:** *24 x 8,5 cm*

Motiv

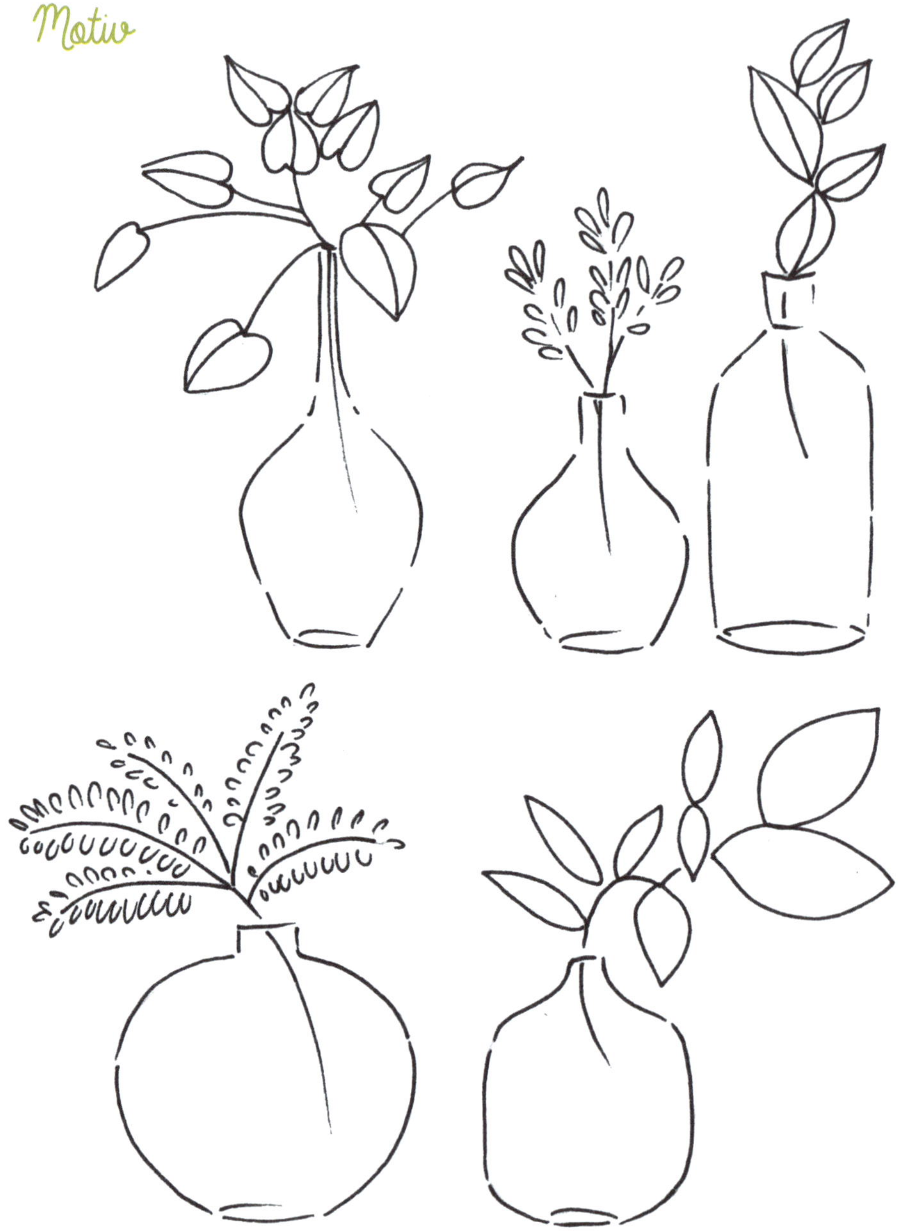

Angewandte Techniken

- *Wie beginnt man eine Stickarbeit, Seite 12*
- *Stielstich, Seite 18*
- *Schlingenstich, Seite 19*
- *Grätenstich, Seite 21*

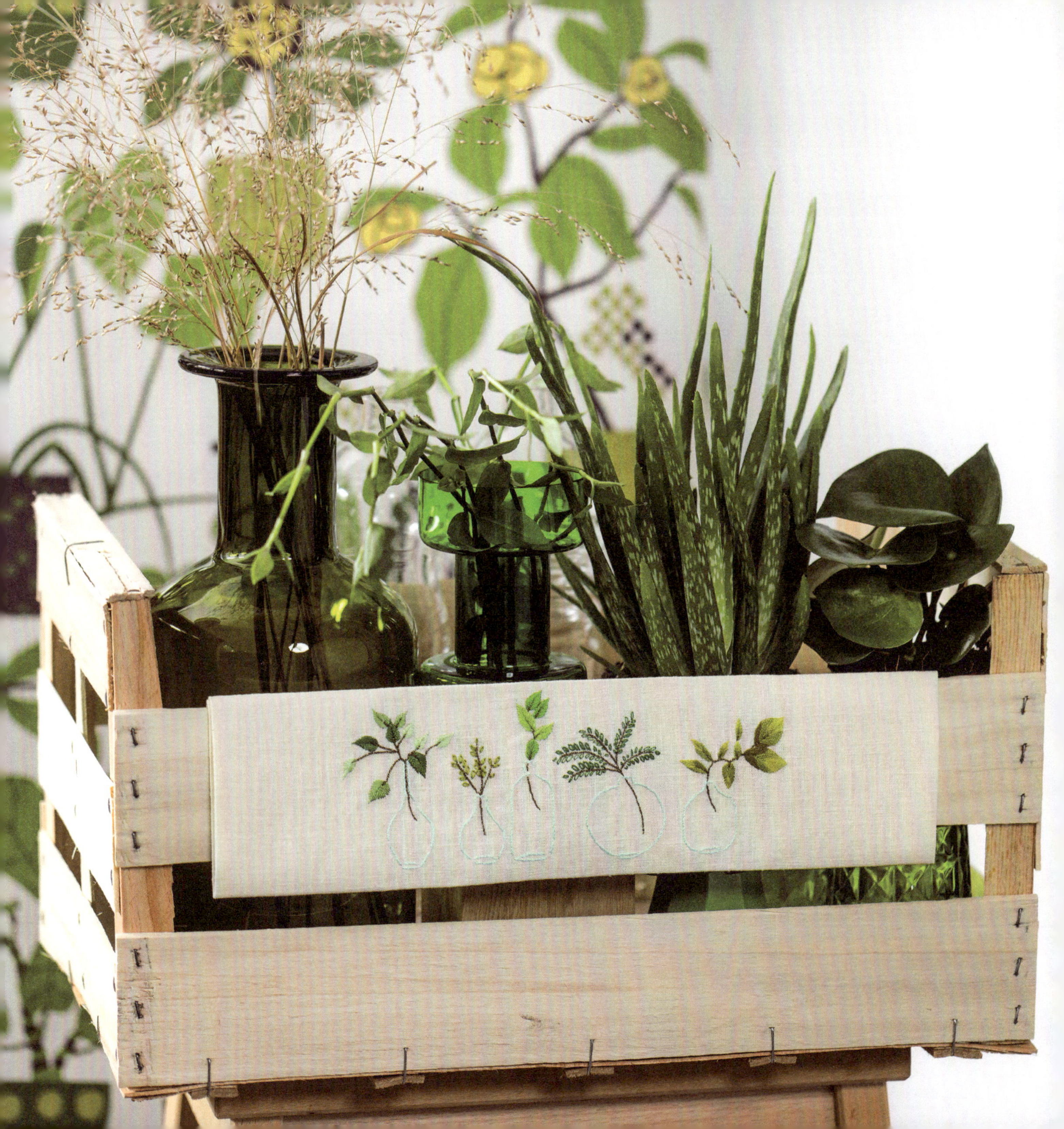

Anleitung

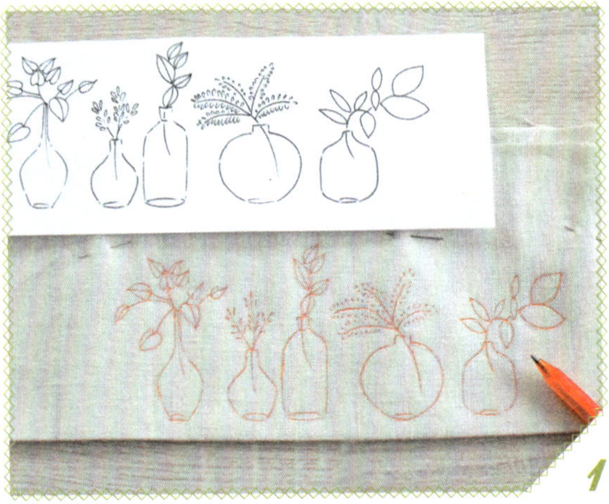

Den Stoff längs zur Hälfte falten und das Motiv mittig zwischen den Stofflagen platzieren. Mit einem löschbaren Stift die durchscheinenden Umrisse des Motivs übertragen. Das Papier entfernen.

Siehe Wie beginnt man eine Stickarbeit, Seite 12

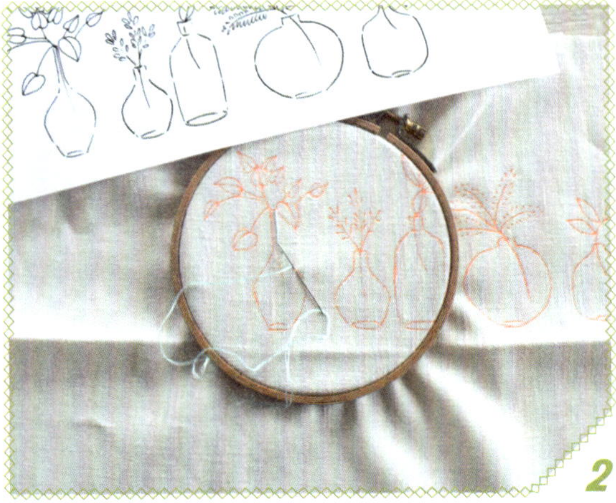

Den Stoff in einen Stickring spannen. Mit zwei Einzelfäden in Hellblau die Glasvasen im Stielstich sticken.

Siehe Stielstich, Seite 18

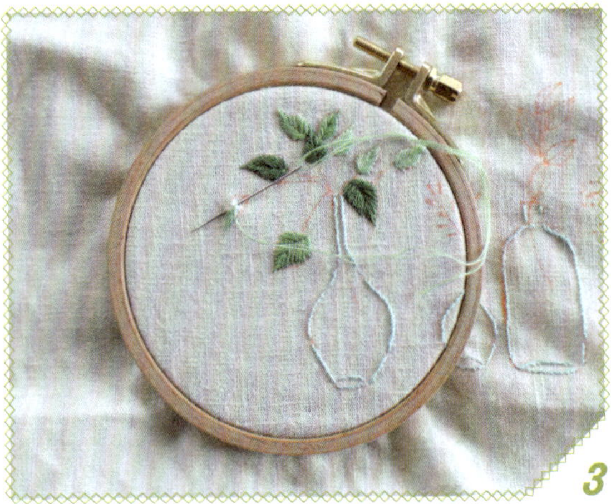

Mit je zwei Einzelfäden in drei unterschiedlichen Grüntönen die Blätter im Grätenstich sticken.

Siehe Grätenstich, Seite 21

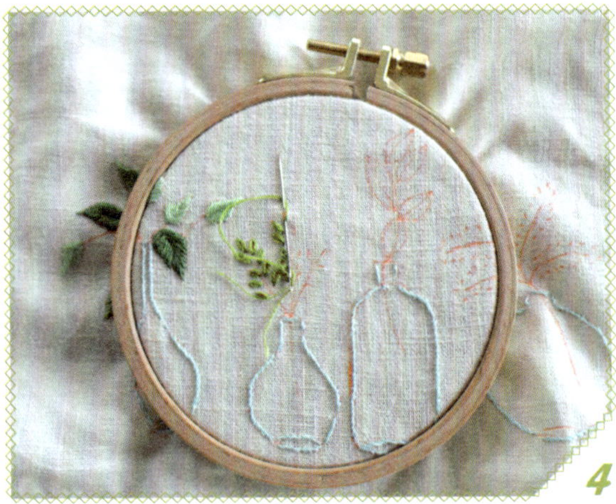

Mit zwei Einzelfäden in einem weiteren Grünton die kleinen Blätter im Schlingenstich sticken.

Siehe Schlingenstich, Seite 19

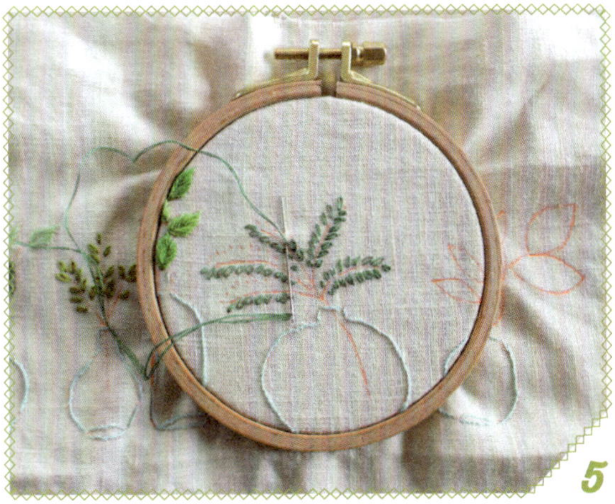

Mit zwei Einzelfäden im verbliebenen Grünton die kleinen Blätter auf der rechten und mit einem Faden auf der linken Blattseite im Schlingenstich sticken.

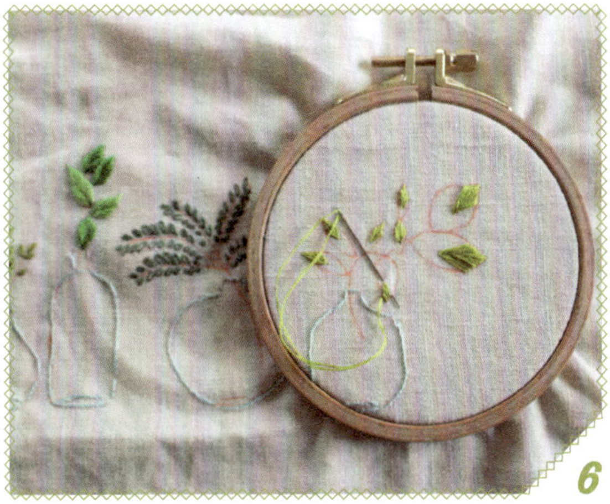

Mit zwei Einzelfäden in Hellgrün die Blattspitzen im Grätenstich sticken.

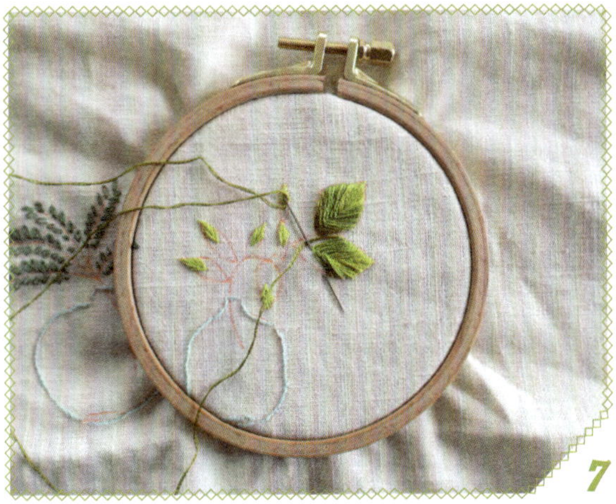

Mit zwei Einzelfäden in derselben Farbe wie in Schritt 4 die Blattmitte, dann die Blattunterseite in Khaki im Grätenstich sticken.

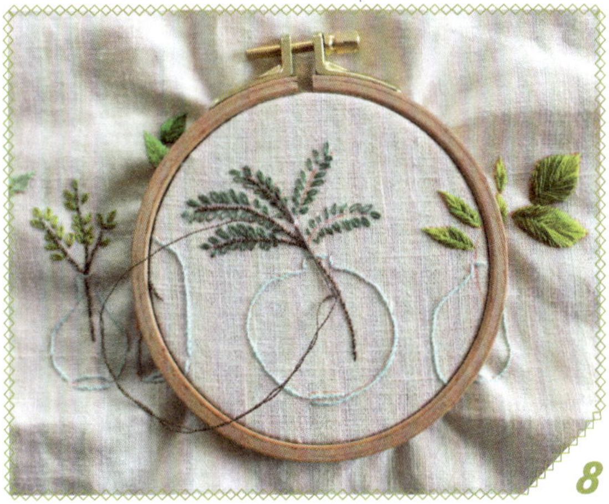

Mit einem Metallic-Faden in Dunkelgold die Stängel der Blätter im Stielstich sticken.
Die Oberseite des Stoffes wieder umfalten und die Stickarbeit an die Steige hängen.

JACKE MIT LEOPARDENMOTIV

Material

- **_Jacke_**
- **_verzwirntes Baumwollgarn in Orange, Rosa, 3 unterschiedlichen Violetttönen, Braun und Schwarz_**
- **_Stickring_**
- **_Sticknadel mit großem Öhr_**
- **_löschbarer Tintenroller_**

- **_Motivmaß: 9 x 7 cm + verstreut_**

Angewandte Techniken

- **_Wie beginnt man eine Stickarbeit, Seite 12_**
- **_Plattstich, Seite 26_**
- **_Wickelstich, Seite 29_**

Motiv

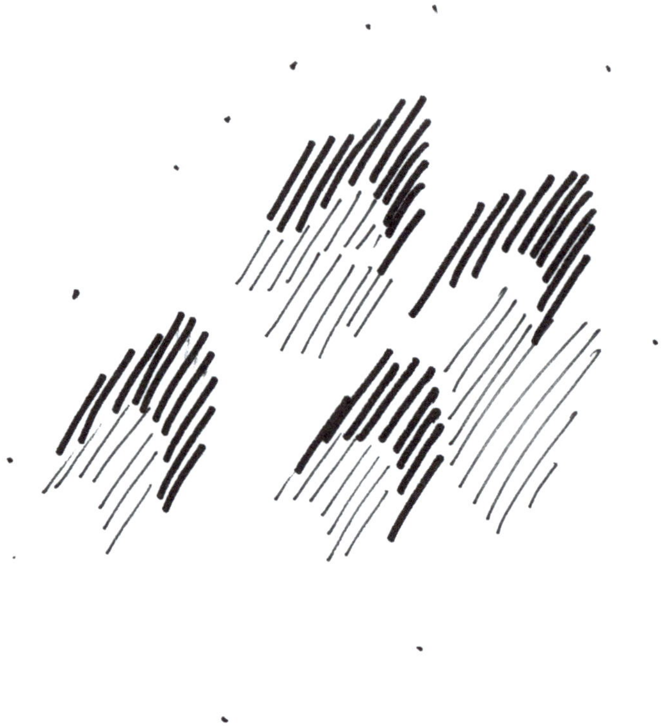

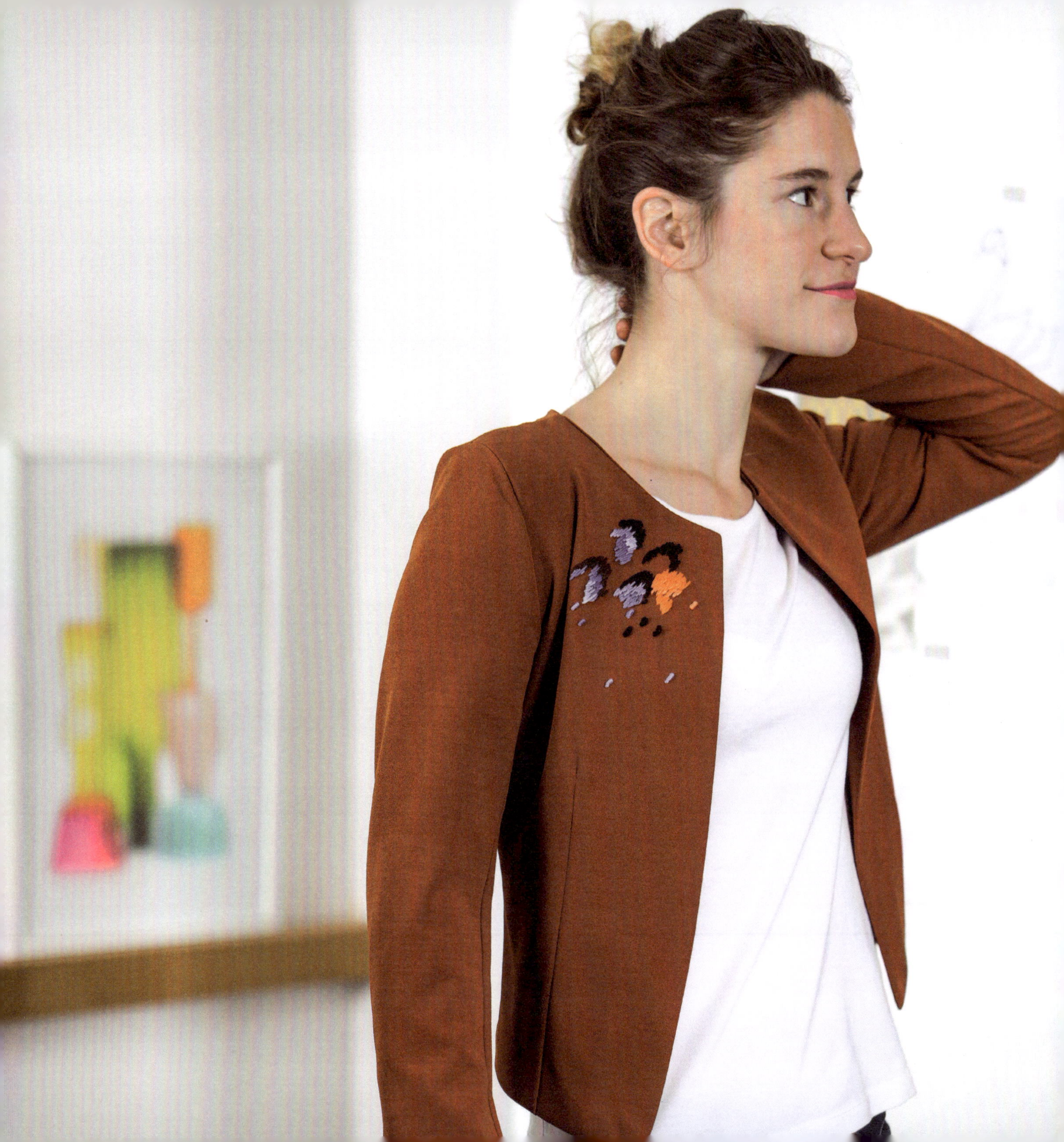

Anleitung

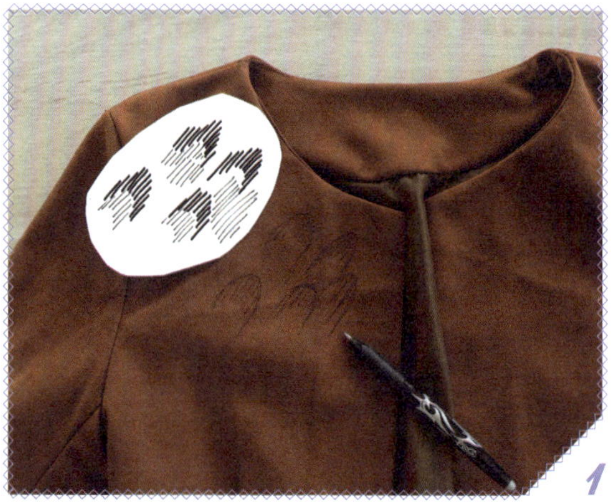

1

Mit einem schwarzen löslichen Stift das schraffierte Leopardenmuster auf die Jacke übertragen. Man kann sich von diesem Motiv auch zu einem eigenen anregen lassen.

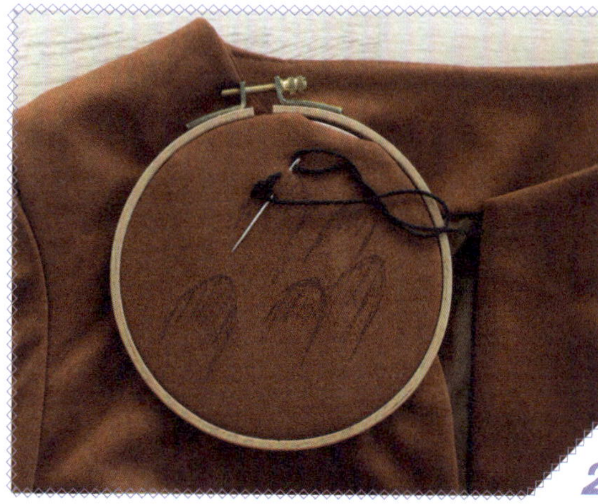

2

Den Stoff über dem Muster in den Stickring spannen, dabei die Schraube nicht zu fest anziehen, damit sie keine Spuren im Stoff hinterlässt.

Siehe Wie beginnt man eine Stickarbeit, Seite 12

Damit auf der Rückseite der gefütterten Jacke keine dunklen Fäden und Knoten zu sehen sind, beim Sticken nur in den Oberstoff einstechen. Mit der Nadel und einem schwarzen Faden neben der ersten Einstichstelle in den Stoff stechen, dabei keinen Knoten machen. Die Nadel dort, wo der erste Stich beginnt, wieder herausführen und den Faden so fest ziehen, dass der Fadenanfang im Stoff verschwindet (fest, aber sanft ziehen). Den ersten Bogen des Plattstichs sticken.

Siehe Plattstich, Seite 26

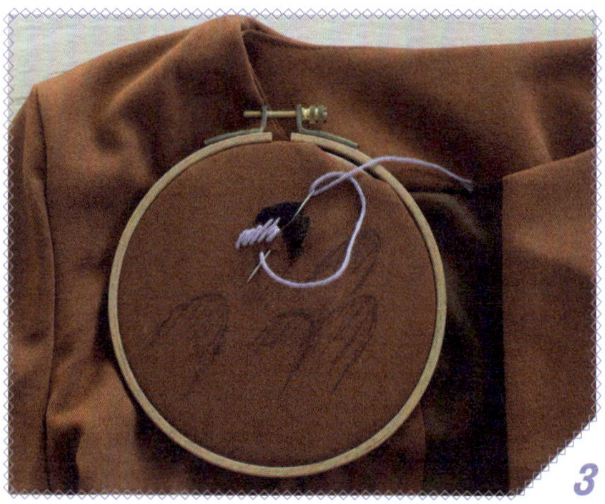

3

In einem Violettton eine zweite Abfolge von Plattstichen unter die schwarzen sticken.

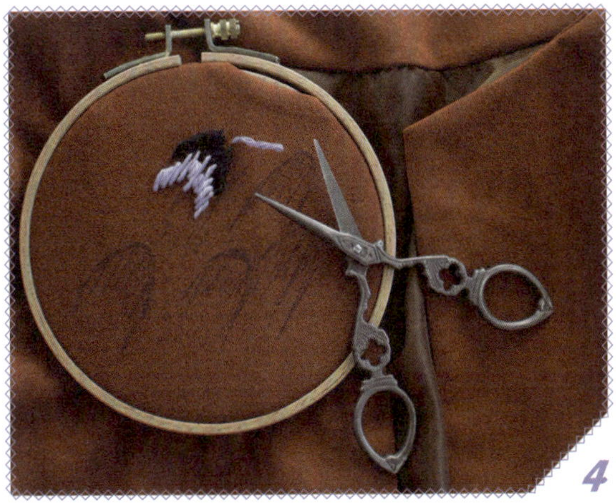

4

Zum Schluss einen längeren Faden stehen lassen und diesen dicht am Stoff abschneiden.

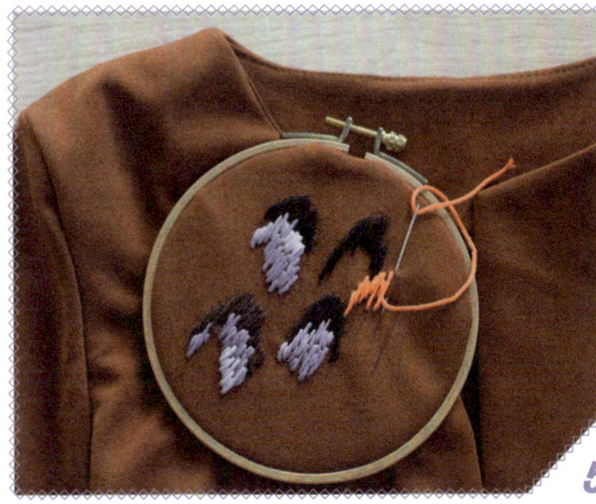

5

Die Schraffierungen untereinander farblich abgestuft im Plattstich stets in dieselbe Stickrichtung sticken.

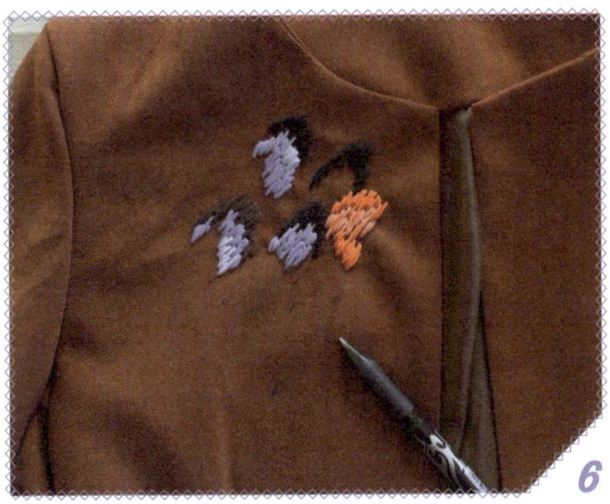

6

Das Motiv erweitern und dafür kleine, 5 mm lange verstreute Striche mit dem löslichen Stift zeichnen; diese sollen immer in dieselbe Richtung zeigen. Kleiner Tipp: Die Jacke anziehen und im Spiegel kontrollieren, ob das Muster zur Jacke und Körperform passt.

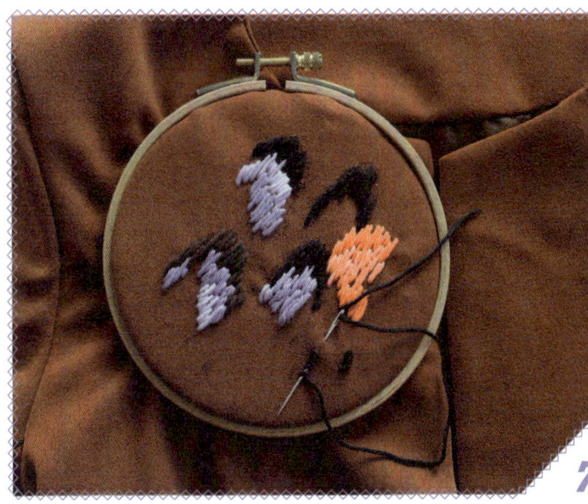

7

Diese kleinen verstreuten Striche in verschiedenen Farben im Wickelstich mit fünf Umwicklungen sticken.

Siehe Wickelstich, Seite 29

◆ LESEZEICHEN MIT GINGKOBLATT

Material

- *Leinen in Blaugrau, 10 x 25 cm*
- *verzwirntes Baumwollgarn in Weiß*
- *Häkelgarn in Gold*
- *Stickring*
- *Sticknadel mit großem Öhr*
- *löschbarer Tintenroller oder Kohlepapier*
- *Textilkleber oder Nadel und Nähgarn in passenden Farben*

- **Motivmaß:** *14 x 3,5 cm*

Angewandte Techniken

- *Wie beginnt man eine Stickarbeit, Seite 12*
- *Wie beendet man eine Stickarbeit, Seite 13*
- *Rückstich, Seite 16*
- *Umwickelter Rückstich, Seite 17*
- *Schlingenstich, Seite 19*
- *Festonstich, Seite 24*

Motiv

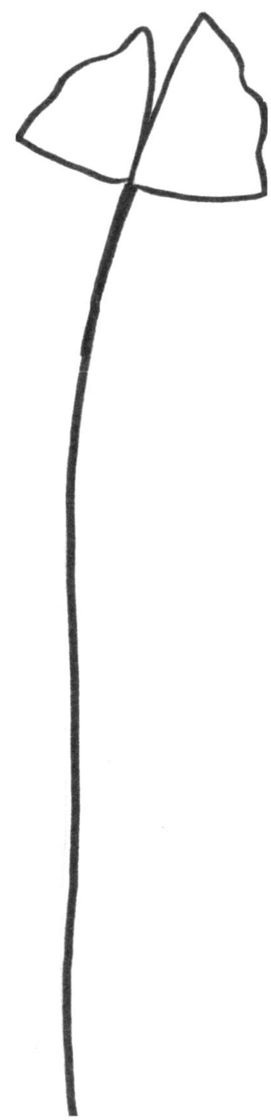

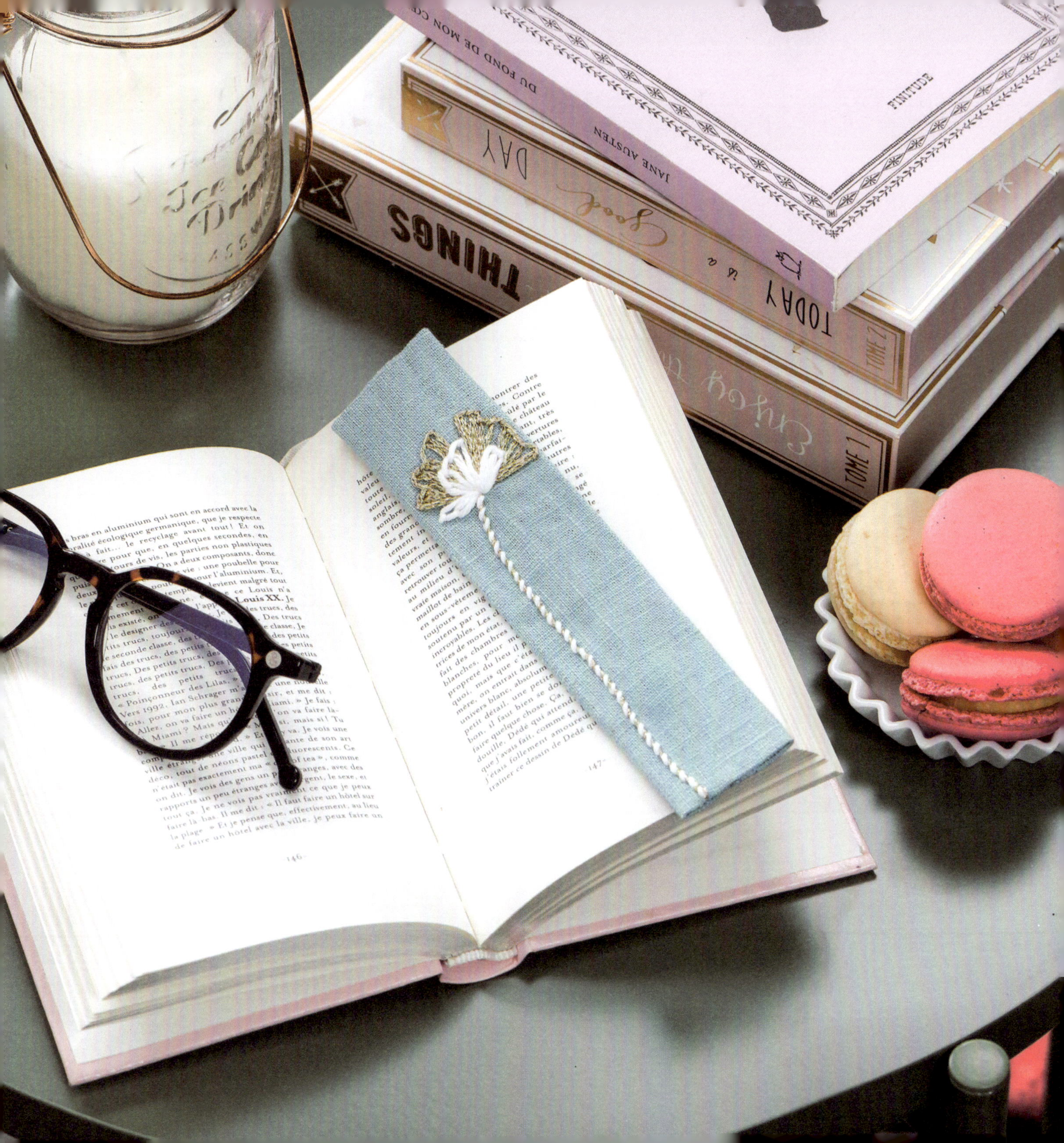
THINGS
TODAY
DAY
JANE AUSTEN
FINITUDE
TOME 1
TOME 2

Anleitung

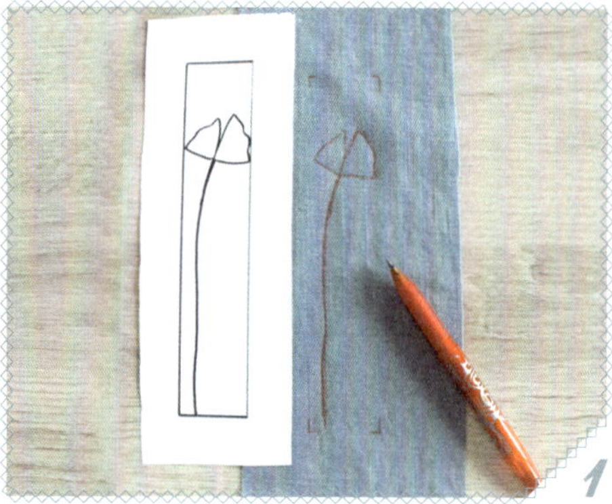

1

Mit einem löschbaren Stift das Motiv durch den Stoff abpausen oder mit Kohlepapier übertragen. Den Stoff in den Stickring spannen.

Siehe Wie beginnt man eine Stickarbeit, Seite 12

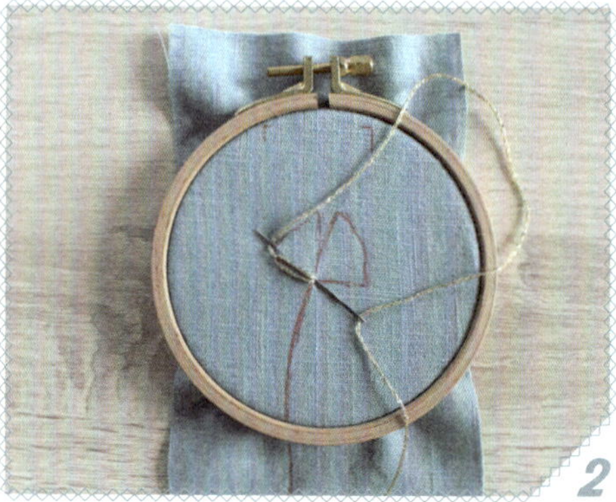

2

Mit einem goldenen Faden die Gingkoblätter sticken. Dabei mit einem Schlingenstich beginnen und mit einem Festonstich weiterarbeiten.

Siehe Schlingenstich, Seite 19, und Festonstich, Seite 24

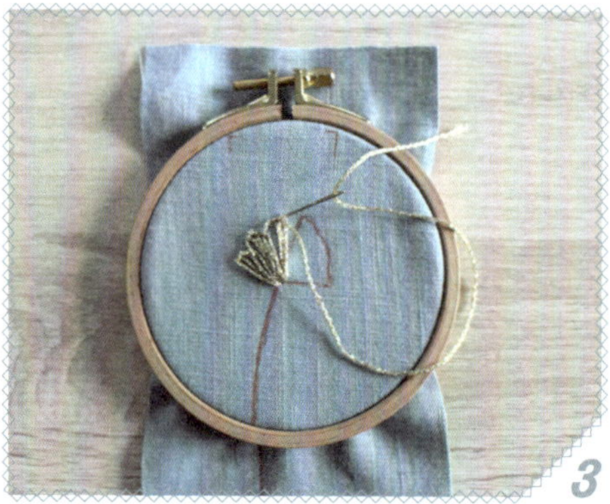

3

Die Stichlängen und -breiten des Festonstichs dem Muster entsprechend variieren. Das erste Blatt mit einem kleinen Stich oben an der Schlinge beenden.

Siehe Wie beendet man eine Stickarbeit, Seite 13

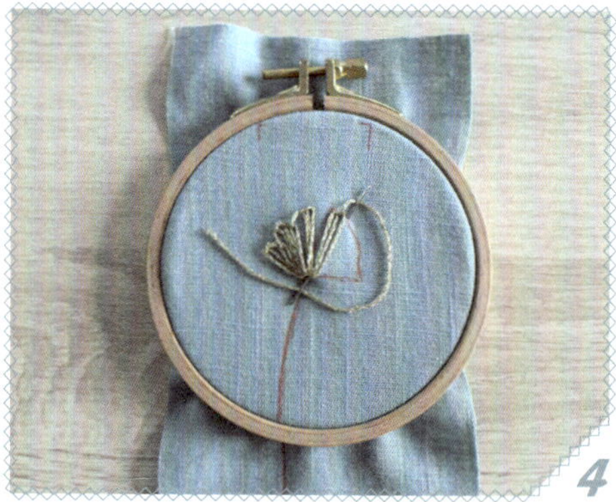

4

Das Motiv weiter mit einem Schlingenstich und mehreren Festonstichen sticken.

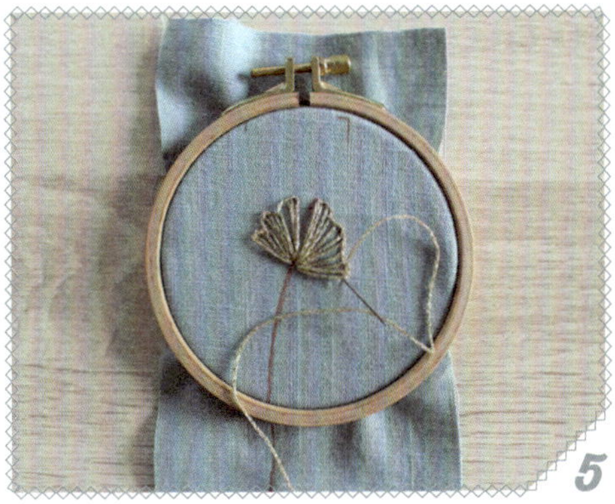

Das zweite Blatt mit einem kleinen Stich oben an der Schlinge beenden.

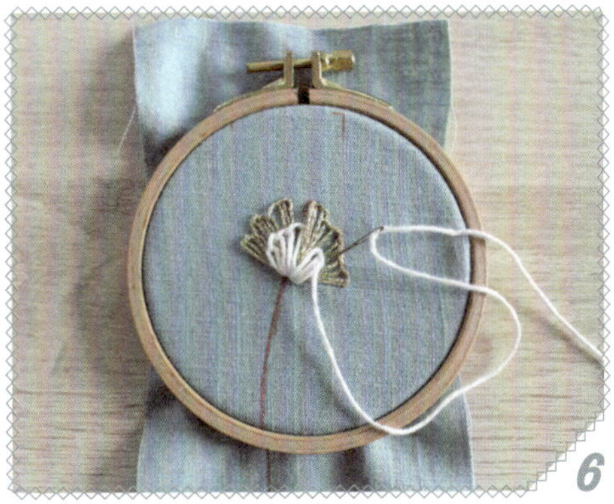

Mit einem weißen Faden die kleineren Blätter unten auf die größeren aufsticken.

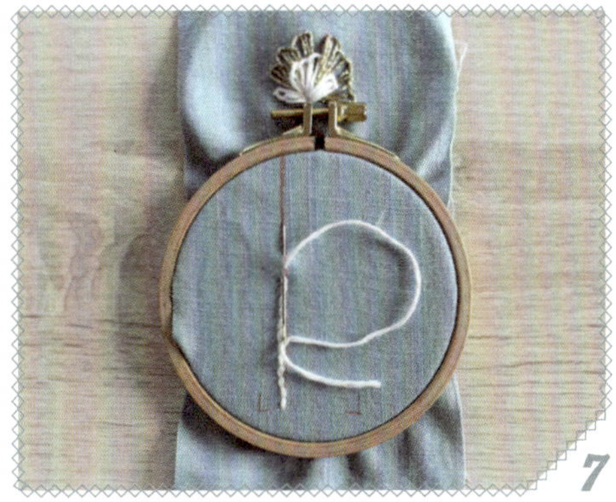

Den Stickring über dem Stiel des Gingkoblatts einspannen. Mit einem weißen Faden den Stiel im Rückstich sticken.
Siehe Rückstich, Seite 16

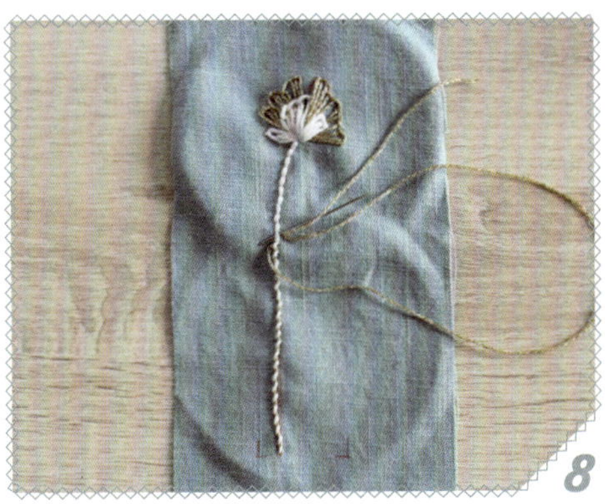

Mit einem goldenen Faden den Rückstich umwickeln.
Dabei das Nadelöhr unter die Rückstiche führen.
Siehe Umwickelter Rückstich, Seite 16

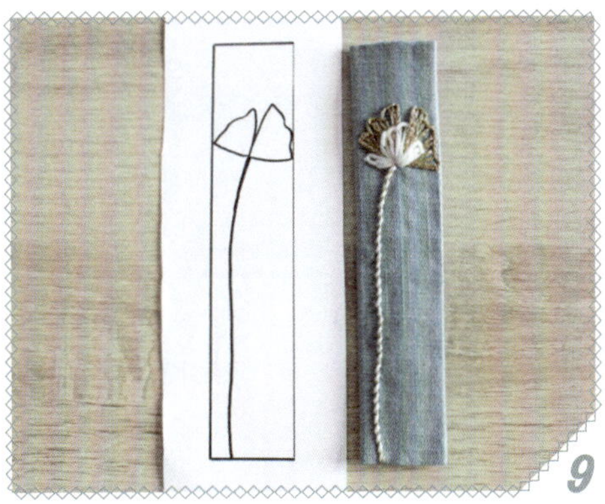

Die Kanten des Stoffs nach hinten falten, sodass das Rechteck 3,5 x 17 cm misst.
Mit kleinen Matratzenstichen festnähen oder mit Textilkleber fixieren.

◆ EICHHÖRNCHEN-BILD

Material

- *Rahmen, 25 x 30 Außenmaß und 12 x 17 cm Innenmaß*
- *Leinen in Cremeweiß, 20 x 25 cm*
- *Bastelfilz in Weiß, 12 x 17 cm*
- *Metallic-Stickgarn in Silber, Gold und Kupfer*
- *Stickring*
- *Sticknadel*
- *löschbarer Tintenroller*

- **Motivmaß:** *9 x 9 cm*

Motiv

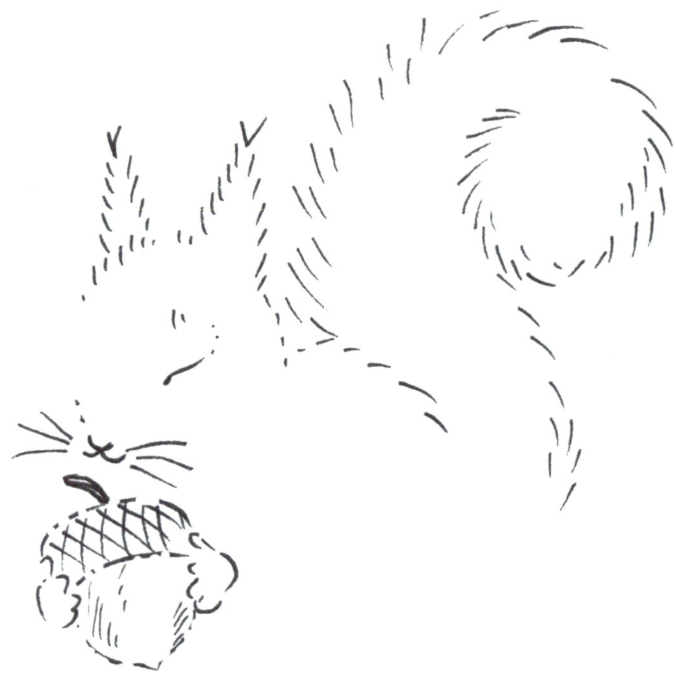

Angewandte Techniken

- *Wie beginnt man eine Stickarbeit, Seite 12*
- *Wie beendet man eine Stickarbeit, Seite 13*
- *Geradstich, Seite 14*
- *Rückstich, Seite 16*
- *Stielstich, Seite 18*
- *Schlingenstich, Seite 19*
- *Verbundener Fliegenstich, Seite 23*

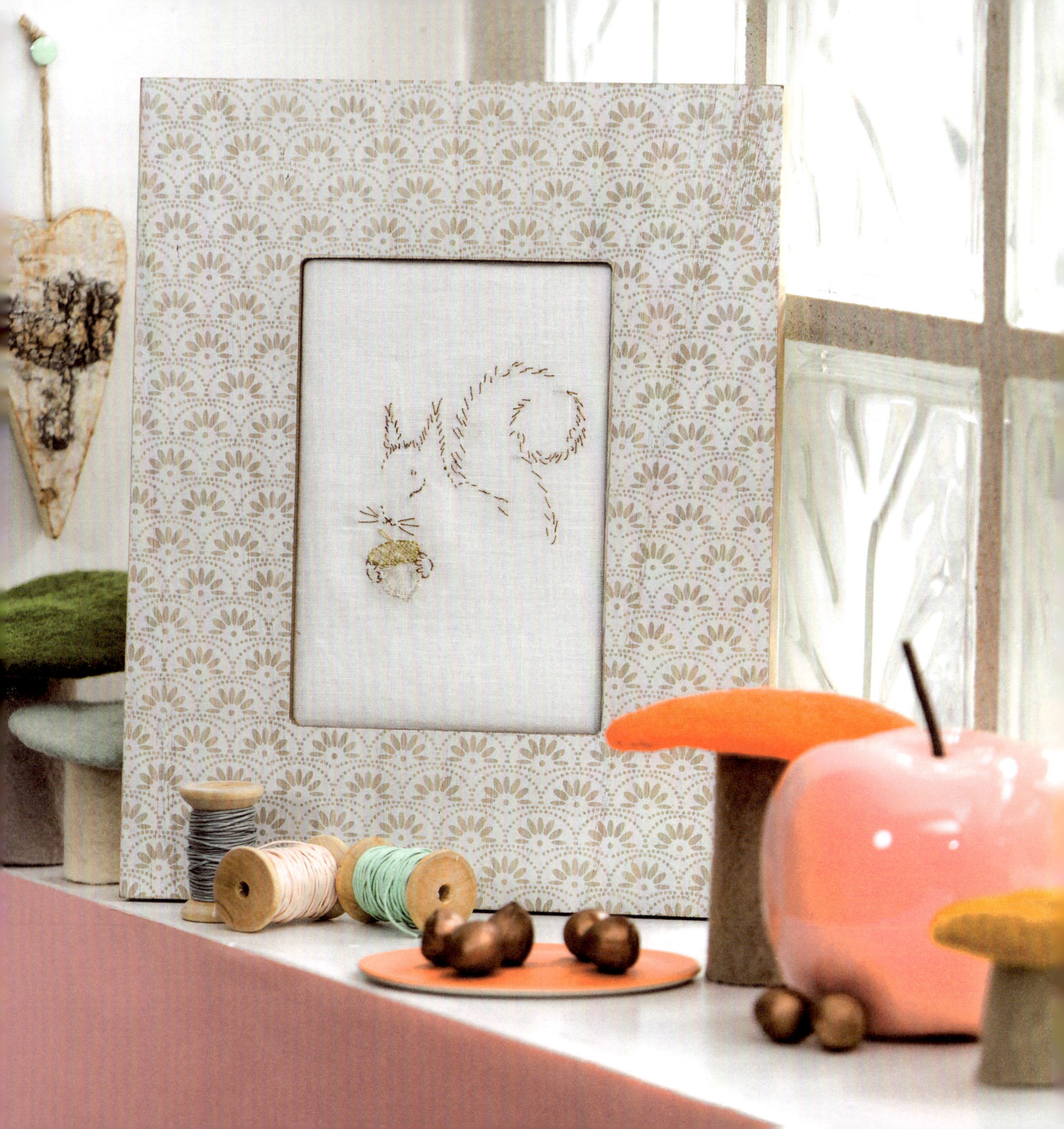

Anleitung

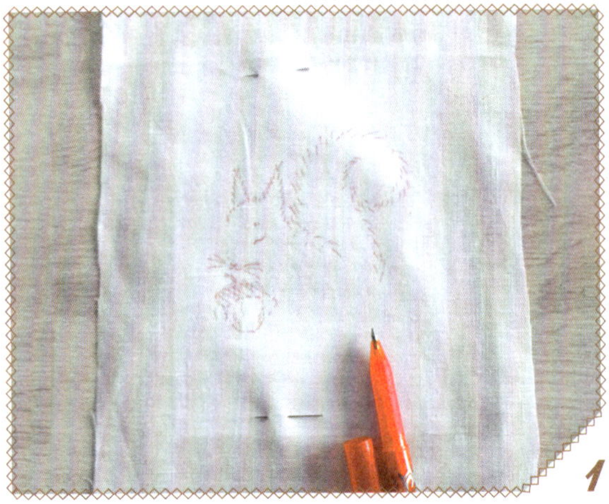

1

Das ausgedruckte Motiv mittig unter den Stoff legen. Mit einem löschbaren Stift das Eichhörnchen übertragen.

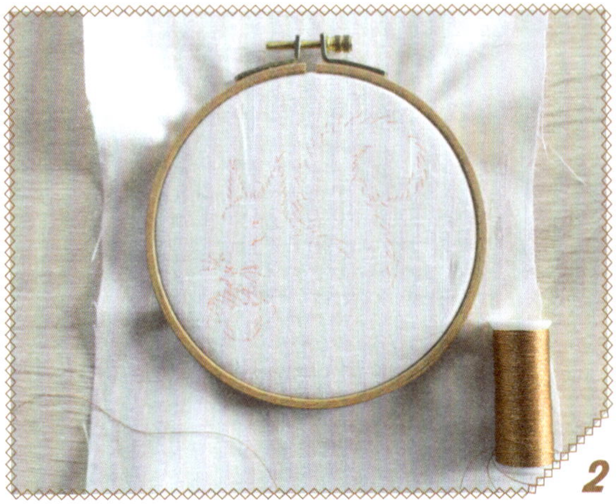

2

Den Stoff in den Stickring spannen.

Siehe Wie beginnt man eine Stickarbeit, Seite 12

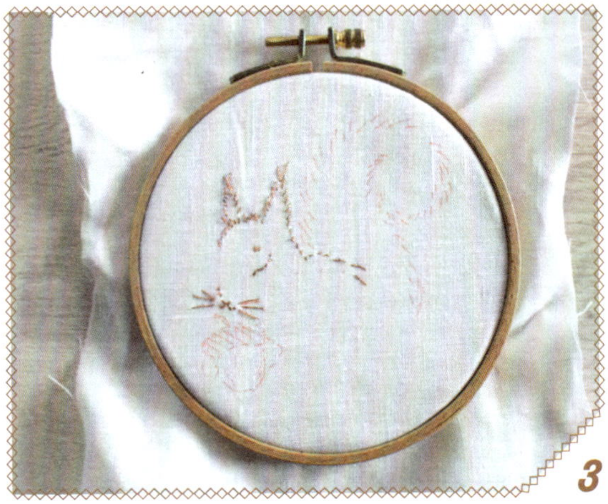

3

Mit einem kupferfarbenen Faden das Eichhörnchen im Geradstich sticken.

Siehe Geradstich, Seite 14

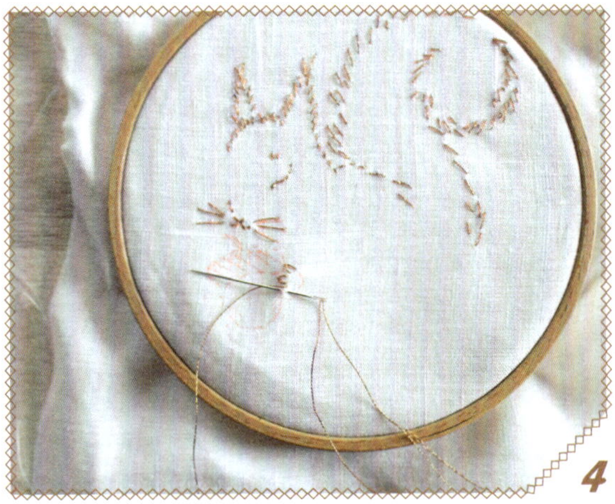

4

Dann die Füße im verbundenen Fliegenstich sticken.

Siehe Verbundener Fliegenstich, Seite 23

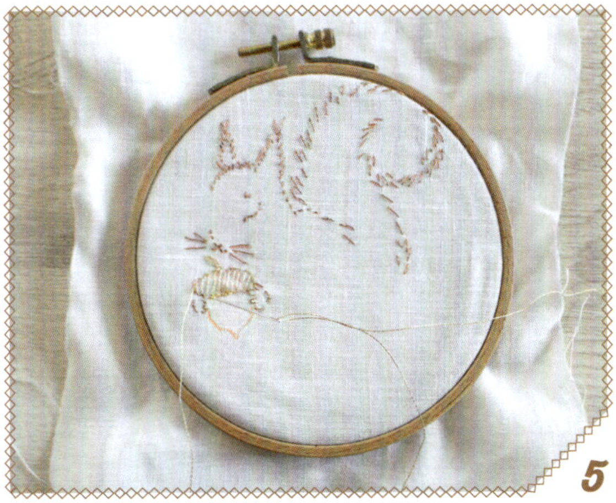

5

Mit einem goldenen Faden den Kopf der Eichel sticken. Dabei mit den Umrissen im Rückstich beginnen und den Stiel im Schlingenstich sticken. Die Innenseite der Eichel mit diagonalen und parallelen Geradstichen, die nach links ausgerichtet sind, arbeiten.

Siehe Rückstich, Seite 16, Schlingenstich, Seite 19

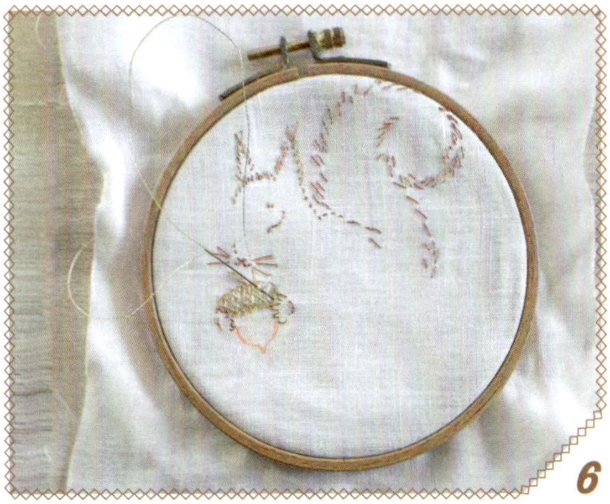

6

Mit nach rechts ausgerichteten Geradstichen weiterarbeiten. Dabei kann man einen „Webeffekt“ erzielen, indem man die Nadel über und unter die zuvor ausgeführten Stiche führt.

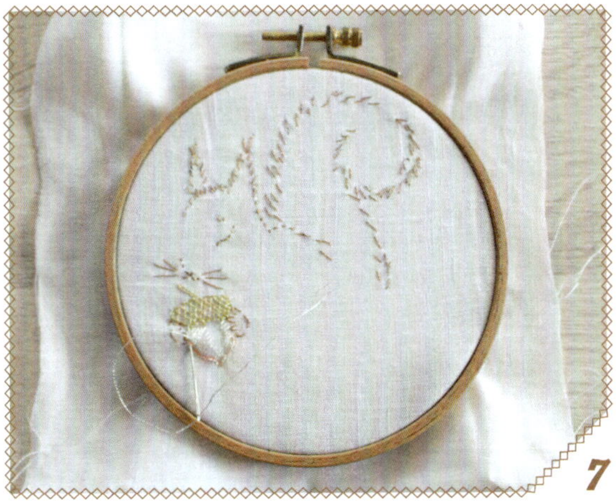

7

Die Umrisse der Eichel mit dem Stielstich sticken und innen mit ein paar Schraffierungen im Geradstich versehen.

Siehe Stielstich, Seite 18

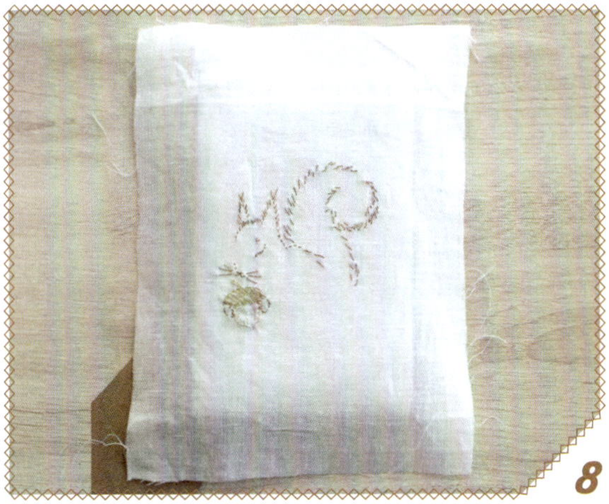

8

Den Filz unter den bestickten Stoff legen, das Motiv mittig ausrichten und in den Rahmen legen.

FEDER-TÄSCHCHEN

Material

- *Täschchen mit aufgedruckten Federn, 15 x 20,5 cm*
- *Baumwolltwist in 5 verschiedenen Rosatönen*
- *Häkelgarn in Gold*
- *Metallic-Stickgarn in Gold*
- *Sticknadeln mit großem, mittlerem und kleinem Öhr*
- *löschbarer Tintenroller oder Kohlepapier*

- *Motivmaß:* *1,5 x 7 cm je Feder*

Angewandte Techniken

- *Wie beginnt man eine Stickarbeit, Seite 12*
- *Geradstich, Seite 14*
- *Stielstich, Seite 18*
- *Festonstich, Seite 24*
- *Anlegetechnik, Seite 25*

Motiv

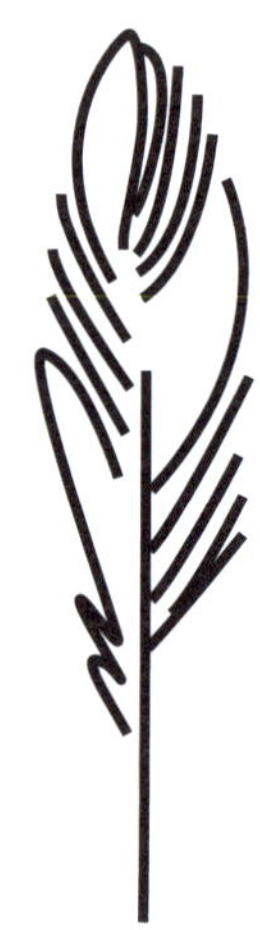

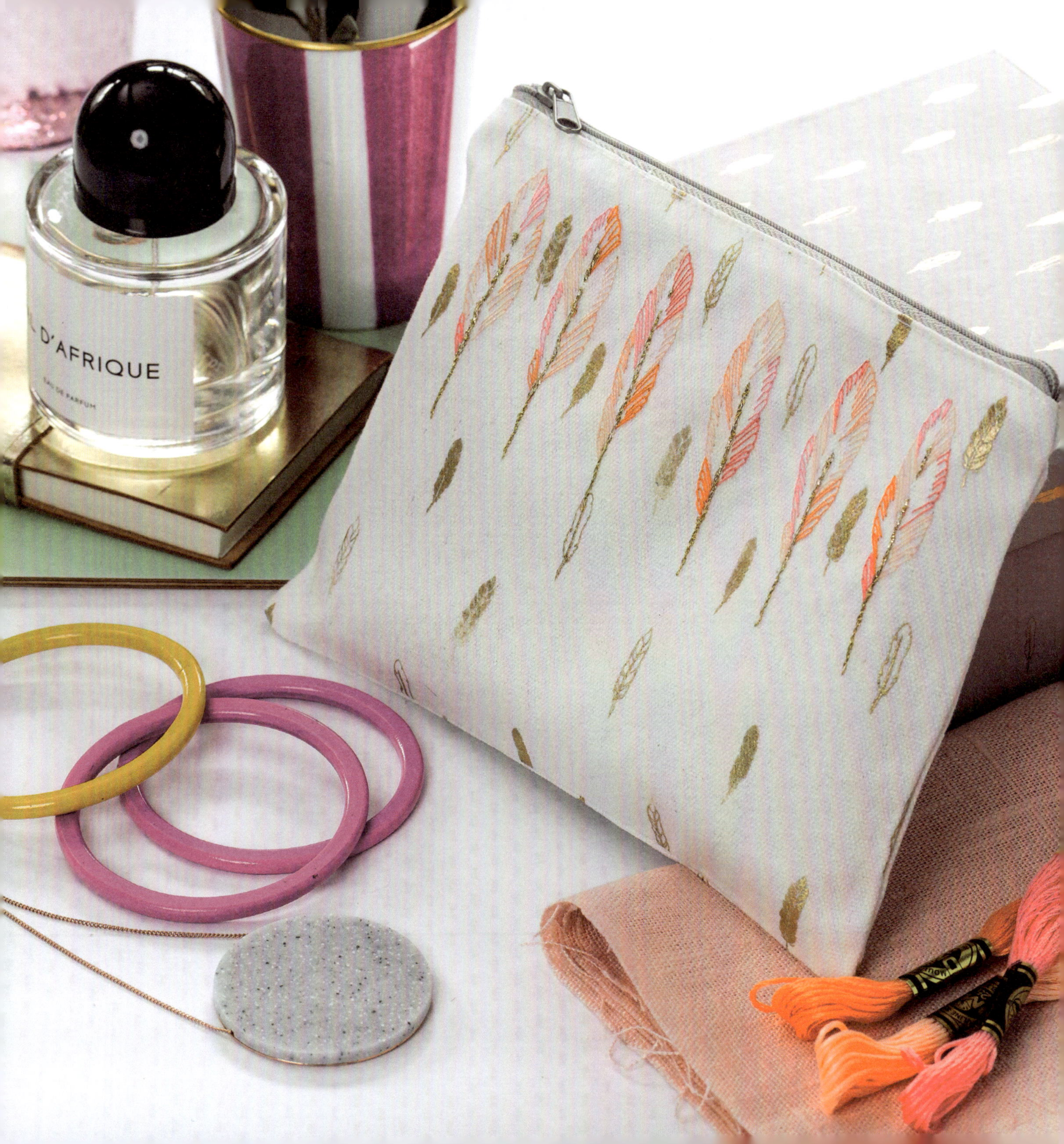
D'AFRIQUE

Anleitung

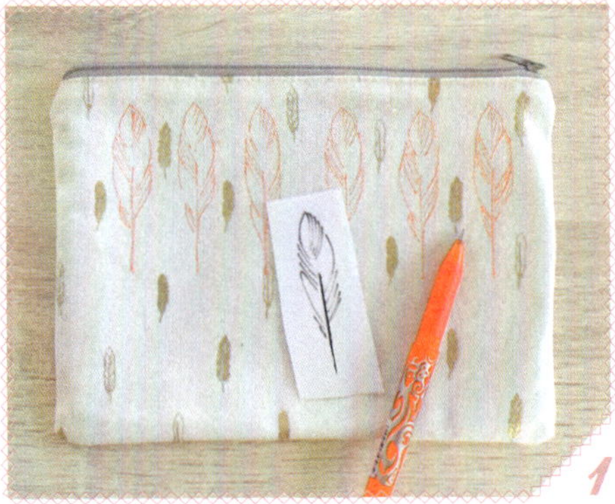

Das Federmotiv ausdrucken, ausschneiden und die Umrisse mit dem löslichen Stift auf das Täschchen übertragen. Die Details freihand einzeichnen.

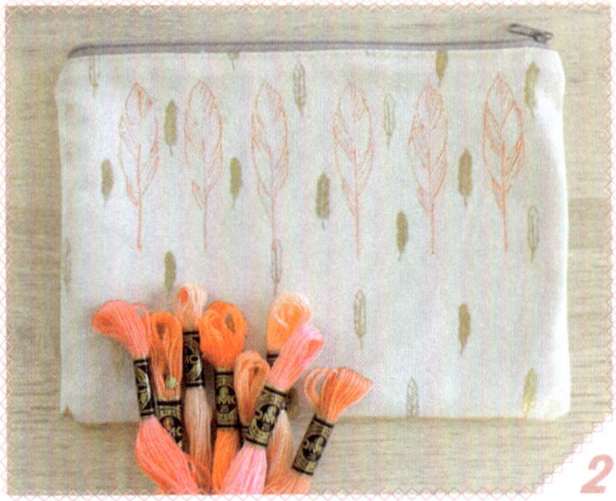

Baumwollzwirn in mehreren Farben auswählen, die zu den Farben des Täschchens passen. Die hier vorgeschlagenen Farben können auch durch eine eigene Auswahl ersetzt werden.

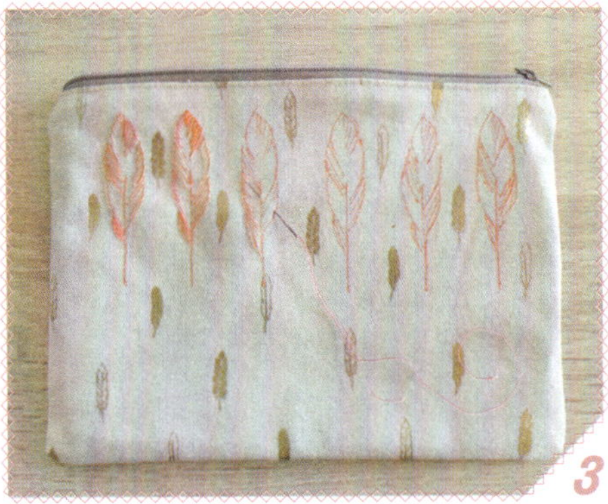

Der Stoff des Täschchens muss nicht in einen Stickring gespannt werden. Damit auch die Innenseite des Täschchens hübsch aussieht, einen Knoten in das Fadenende machen und mit der Nadel neben der ersten Einstichstelle in den Oberstoff stechen, nicht in das Futter. Den Faden fest ziehen, sodass der Endknoten im Stoff verschwindet (fest, aber sanft ziehen).

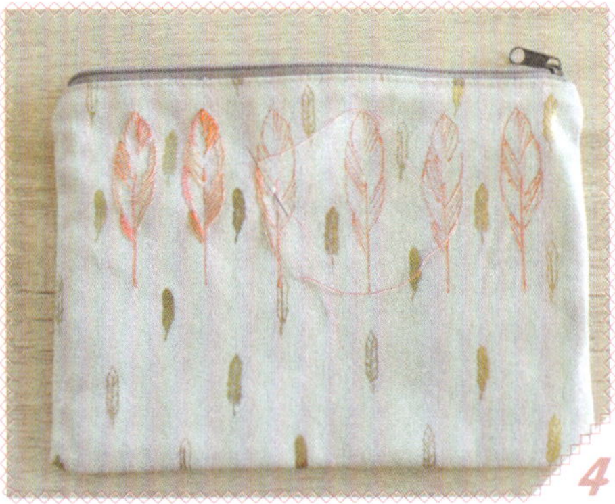

Die Federn mit einem Einzelfaden des Baumwolltwists im Festonstich sticken, dabei die Farben und Stichlängen variieren.
Siehe Festonstich, Seite 24

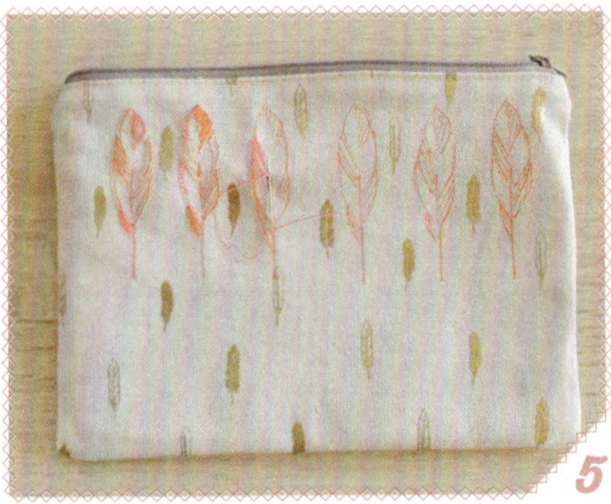

Auch das Fadenende sollte nicht auf dem Innenfutter sichtbar sein. Daher in die Mitte des Stiels stechen und den Faden dort mit ein paar Stichen sichern, dann dicht am Stoff auf der rechten Seite abschneiden.

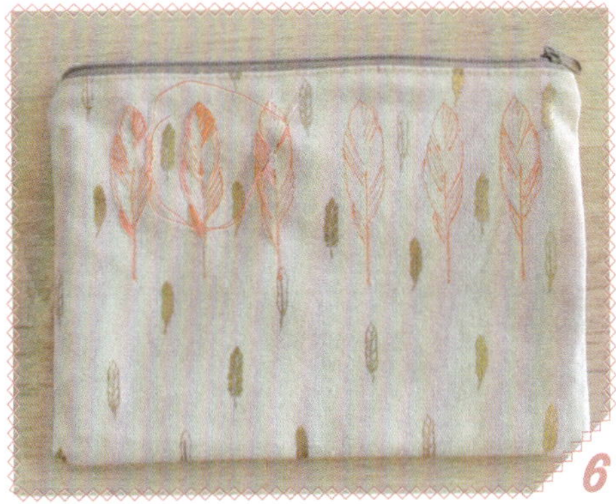

Für die rechte Seite der Federn jeweils den farbigen Bereich von unten nach oben sticken.

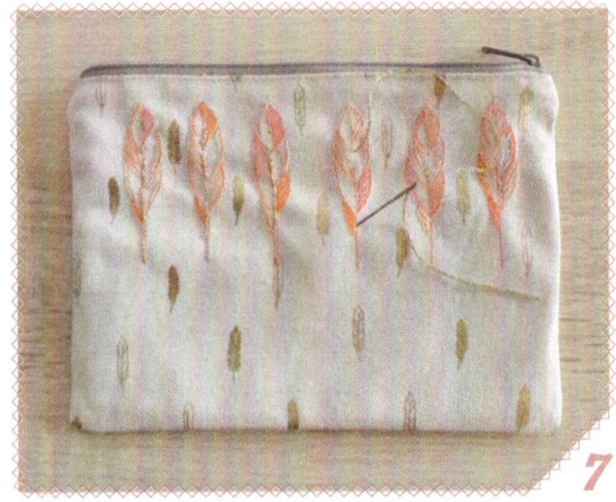

Mit einem langen goldenen Faden aus Häkelgarn einen großen Geradstich entlang des Stiels sticken, dabei bis zur Spitze sticken.
Siehe Geradstich, Seite 14

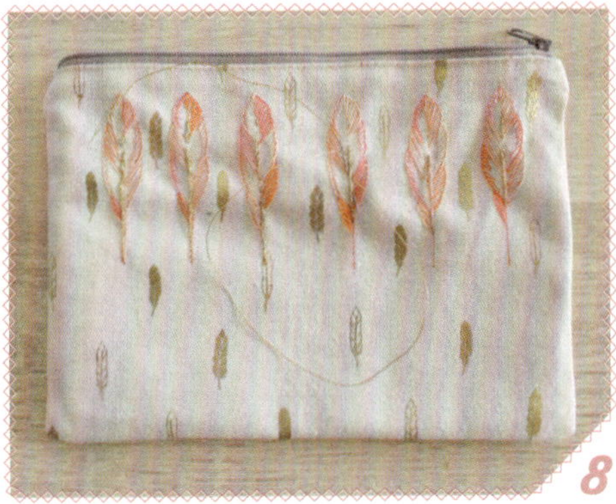

Mit einem dünneren goldenen Faden diesen großen Geradstich mit der Anlegetechnik fixieren. Dabei oben beginnen und nach unten bis zur Spitze der Feder arbeiten.
Siehe Anlegetechnik, Seite 25

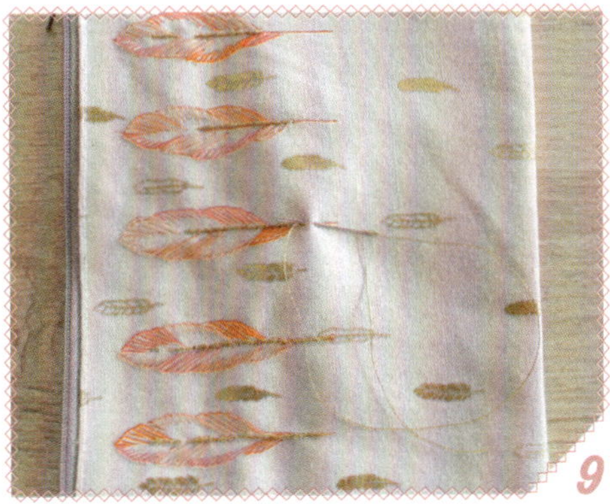

Mit demselben Faden die Spitze im Stielstich sticken.
Siehe Stielstich, Seite 18

BLUSE MIT ANKERMOTIV

Material

- *weiße Bluse (lockeres Leinen, Seide, Baumwolle)*
- *verzwirntes Baumwollgarn in Dunkelrosa, Hellrosa, Blau, Grün*
- *Baumwolltwist in Schwarz und Blauviolett*
- *Stickring*
- *Sticknadeln mit großem und kleinem Öhr*
- *löschbarer Tintenroller*

- **Motivmaß:** *6 x 7 cm*

Angewandte Techniken

- *Geradstich, Seite 14*
- *Rückstich, Seite 16*
- *Schlingenstich, Seite 19*
- *Kettenstich, Seite 20*
- *Knötchenstich, Seite 27*
- *Rosenstich, Seite 28*

Motiv

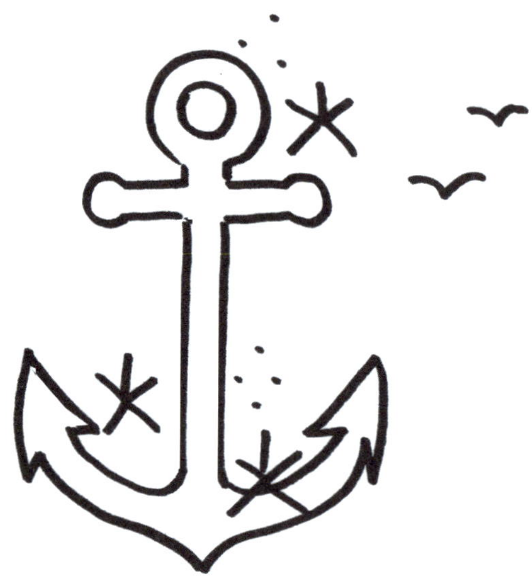

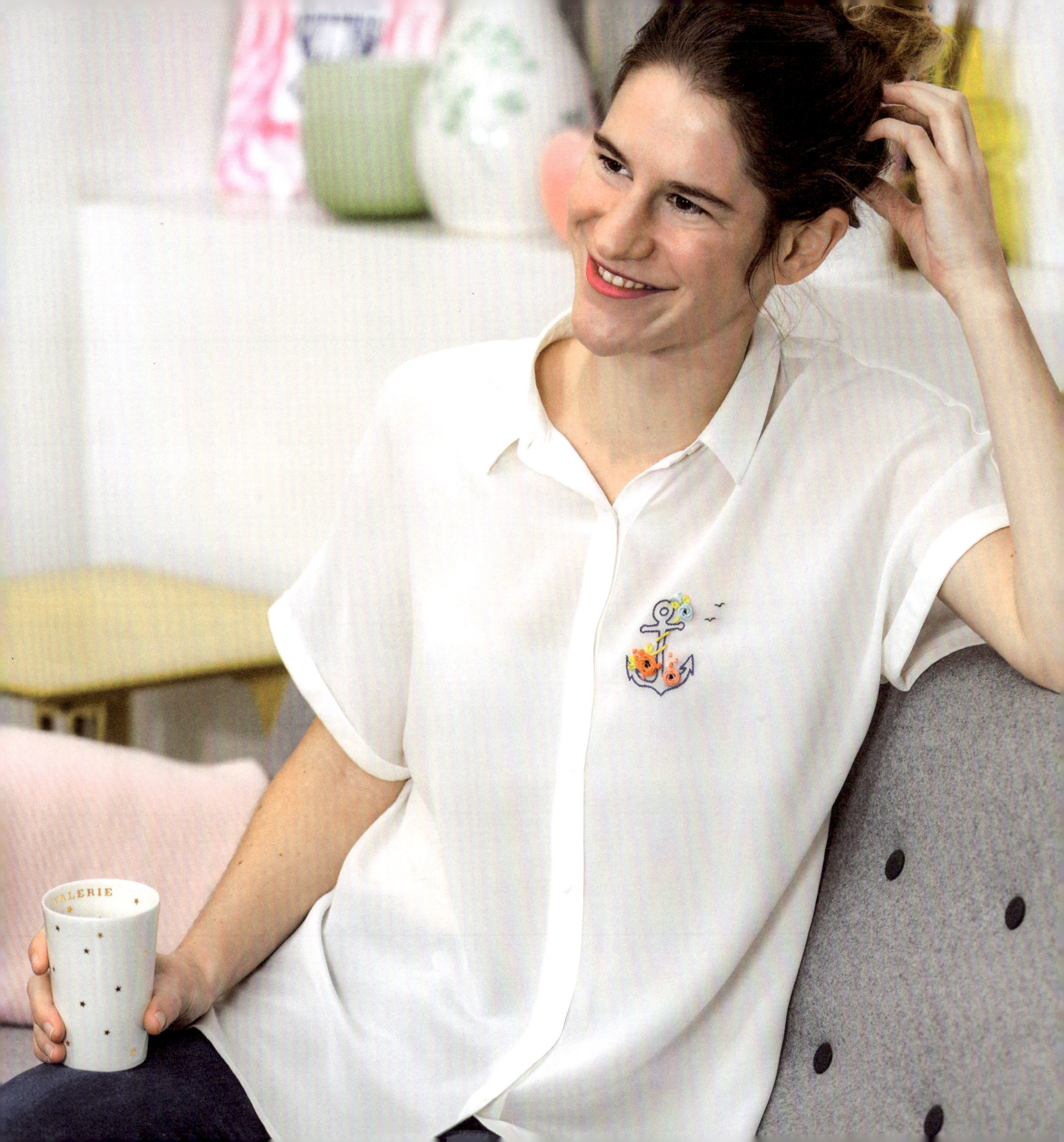
VALERIE

Anleitung

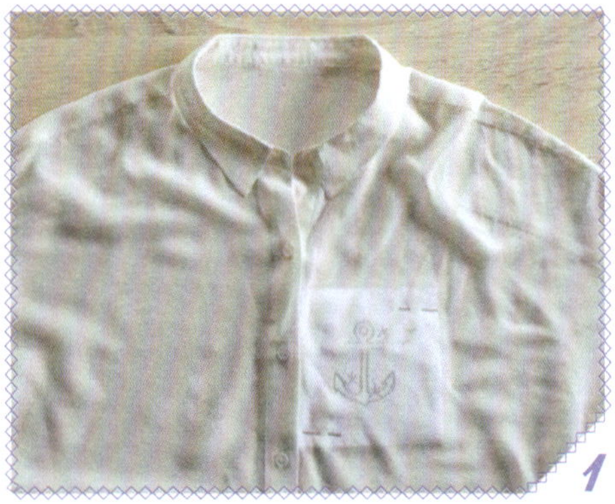

Das Motiv auf Brusthöhe unter eine Seite der Bluse legen und feststecken. Die Bluse mit dem festgesteckten Motiv noch einmal anziehen und überprüfen, ob es an der richtigen Stelle ist.

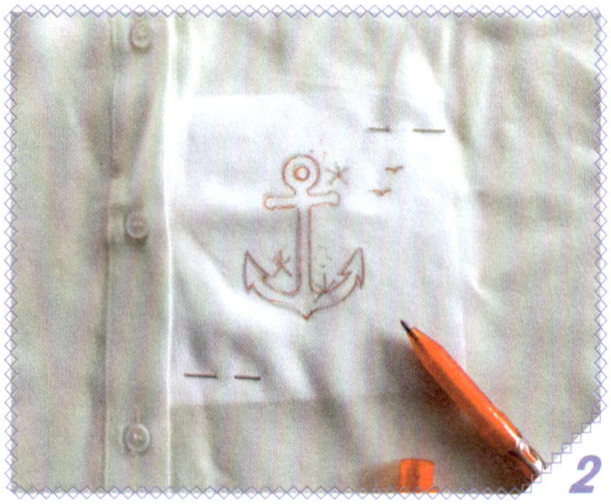

Mit einem löslichen Stift das Anker-Motiv aufzeichen.

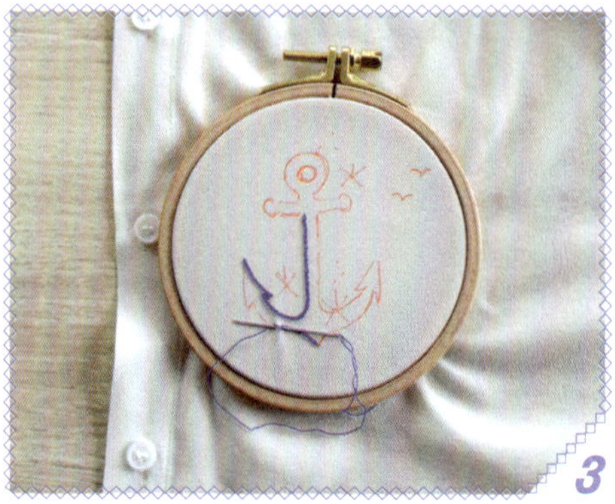

Mit einem Einzelfaden in Blauviolett die Umrisse des Ankers im Kettenstich sticken. Die Stickrichtung dabei dem Motiv anpassen.

Siehe Kettenstich, Seite 20

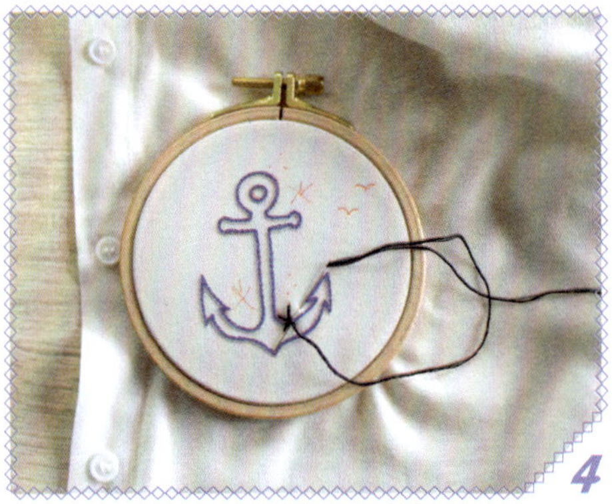

Mit drei Einzelfäden in Schwarz für den Rosenstich einen Stern an eine Seite des Ankers sticken.

Siehe Rosenstich, Seite 28

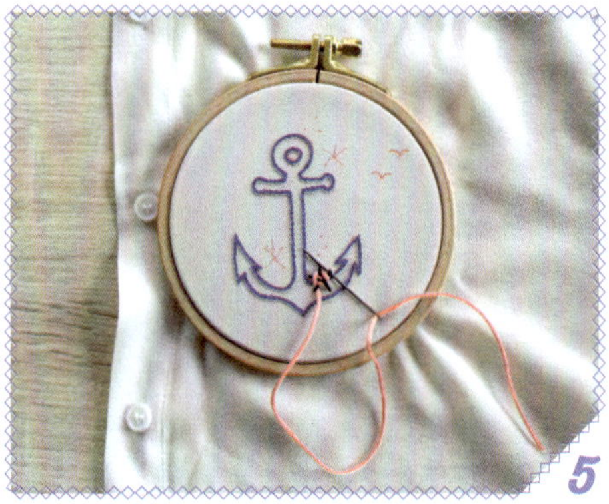

In Rosa die Rose sticken.

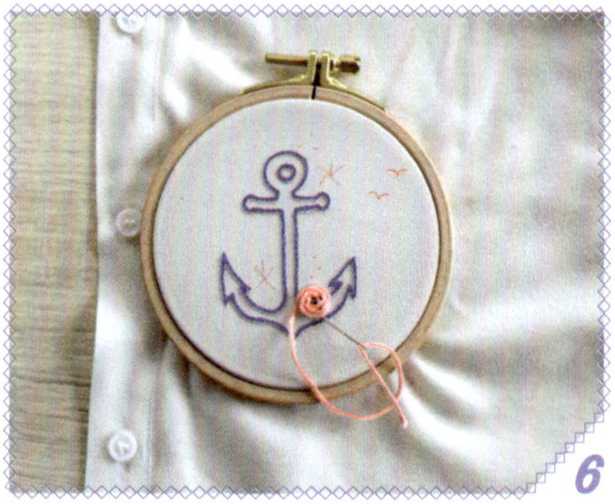

Die Rose sollte schön dicht und plastisch werden, dafür mehrere Runden weben.

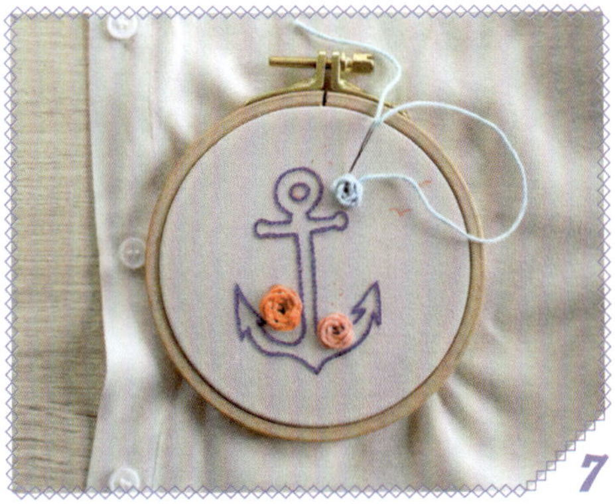

Eine etwas größere Rose in dunklerem Ton und eine kleinere in Hellblau sticken.

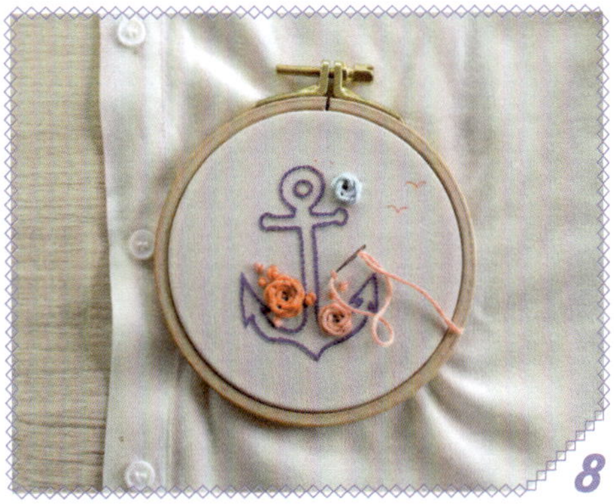

Für kleine Rosenknospen verstreute Knötchenstiche in Rosa, Dunkelrosa und Hellblau sticken.
Siehe Knötchenstich, Seite 27

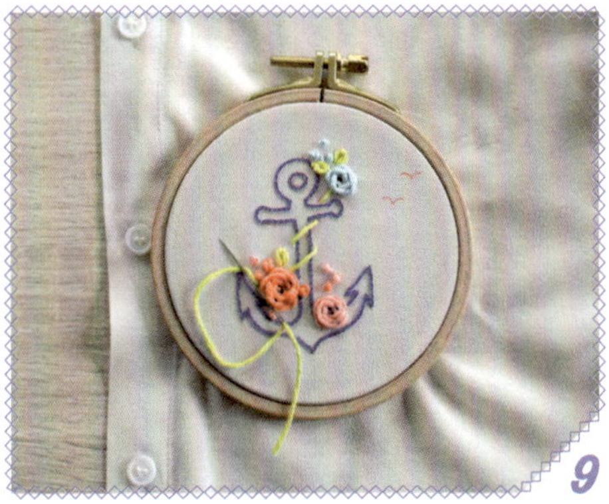

Mit einem grünen Faden im Geradstich eine Linie um den Anker sticken und mit demselben Faden kleine Blätter um die Rosen.
Siehe Geradstich, Seite 14, und Schlingenstich, Seite 19

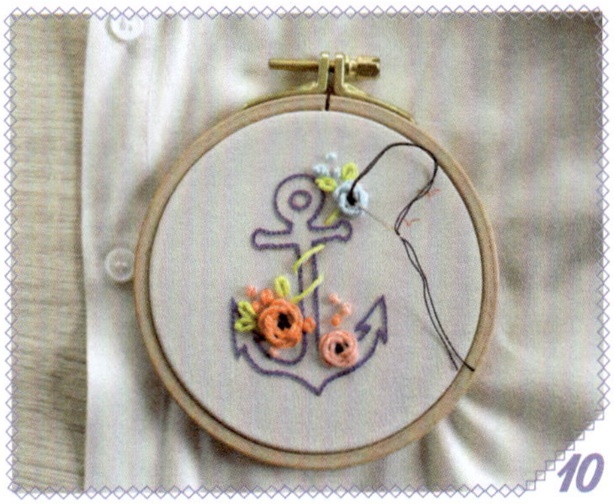

In die Mitte der Rosen Knötchenstiche sticken.

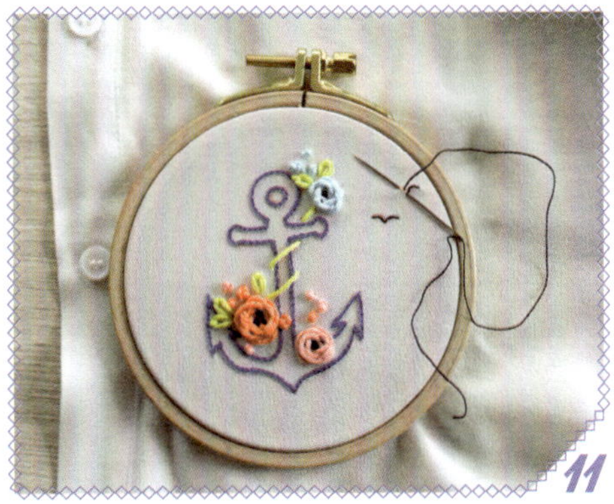

Mit einem schwarzen Einzelfaden im Rückstich fliegende Vögel sticken. Achtung, den Faden zwischen den beiden Vögeln vernähen.
Siehe Rückstich, Seite 16

KISSEN „DU UND ICH"

Material

- *Kissen, 40 x 40 cm*
- *Verzwirntes Baumwollgarn in Hellrosa, Rosa, Orange, Blau, Hellblau, Dunkelblau, Braun, Hellgelb, Gelb und Schwarz*
- *Baumwolltwist in Schwarz*
- *Häkelgarn in Silber*
- *Stickring*
- *Sticknadeln mit großem und kleinem Öhr*
- *löschbarer Tintenroller*

- **Motivmaß:** *19 x 14 cm*

Angewandte Techniken

- *Geradstich, Seite 14*
- *Rückstich, Seite 16*
- *Stielstich, Seite 18*
- *Grätenstich, Seite 21*
- *Federstich, Seite 22*
- *Knötchenstich, Seite 27*

Motiv

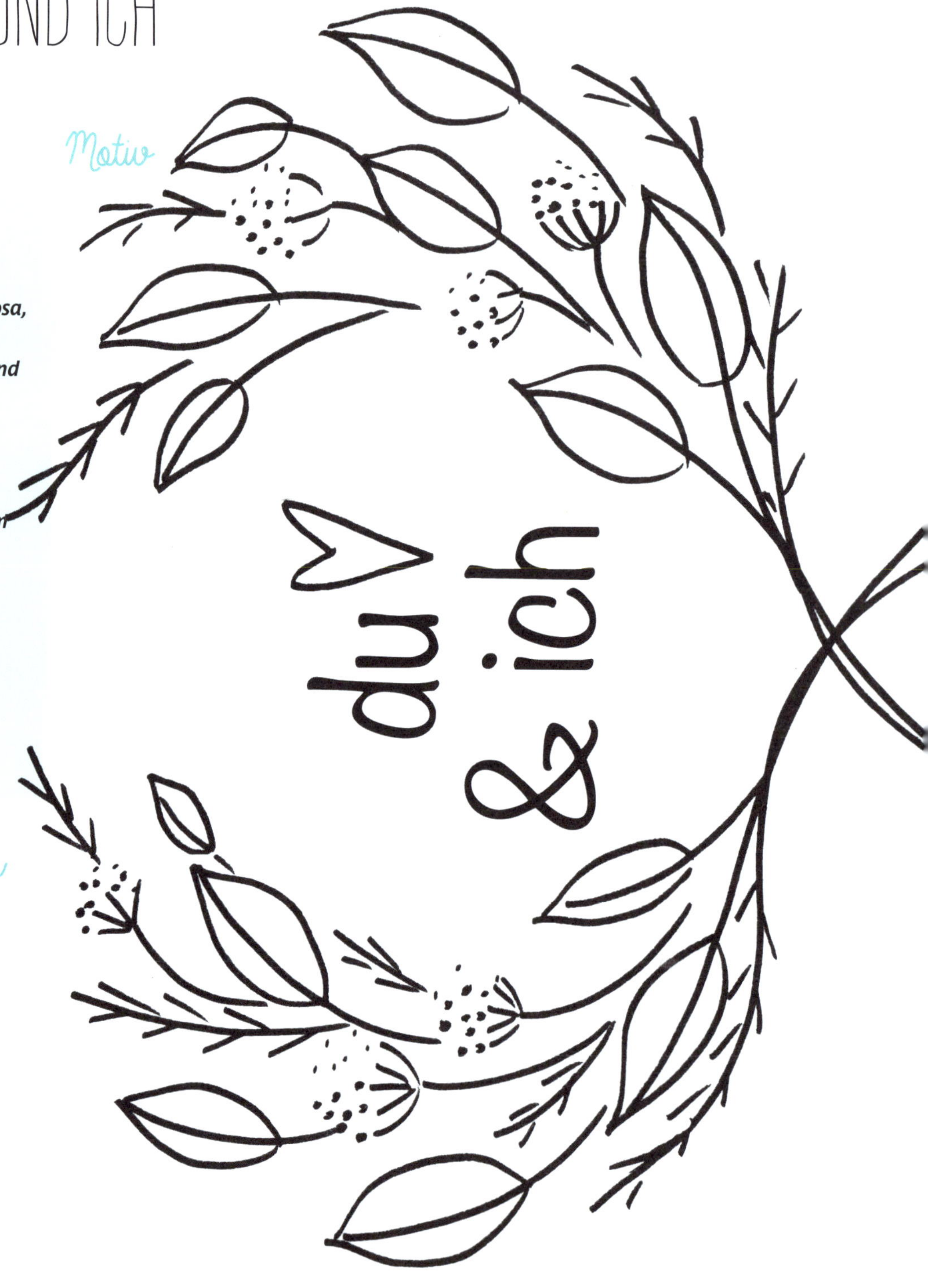

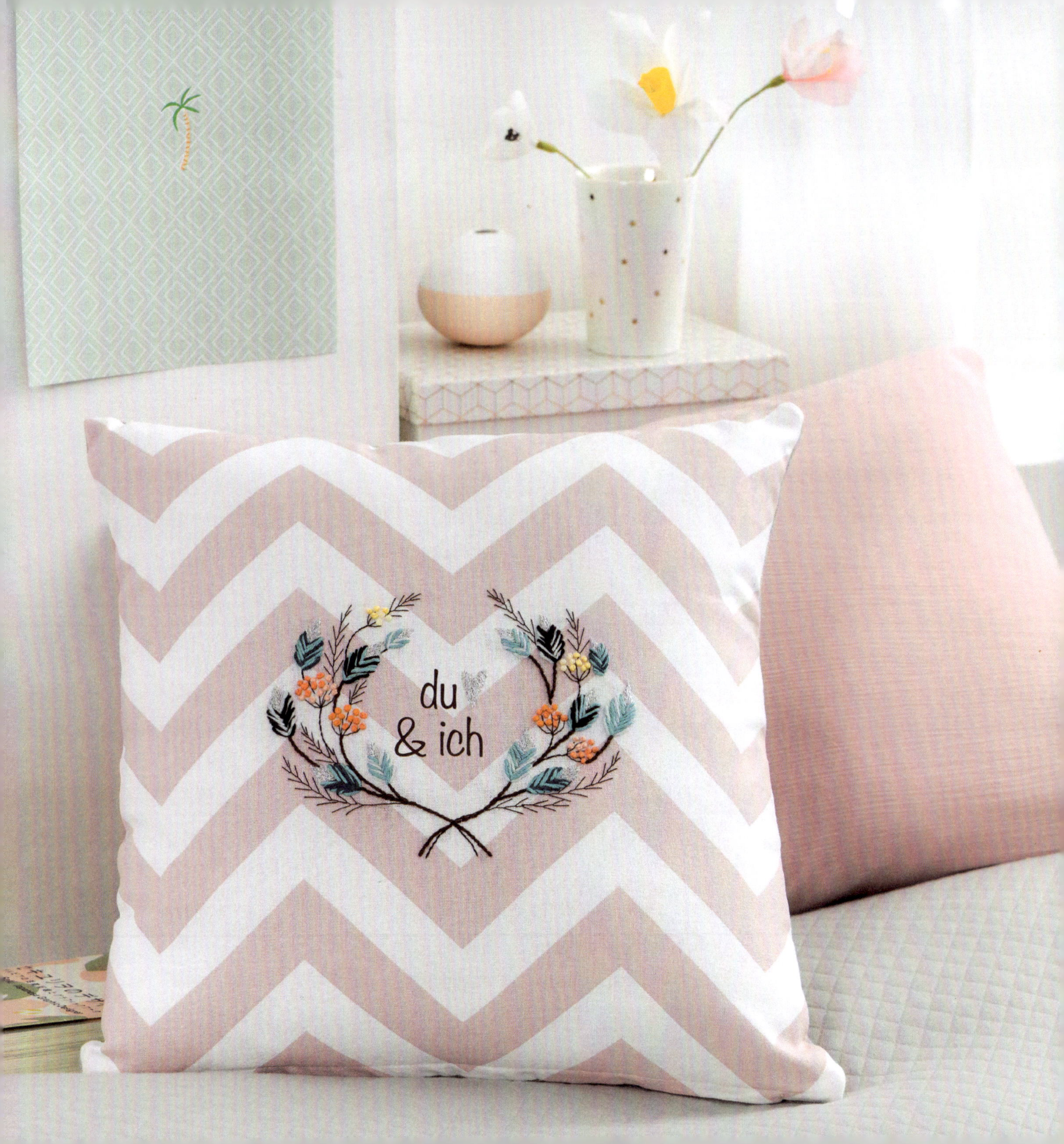
du
& ich

Anleitung

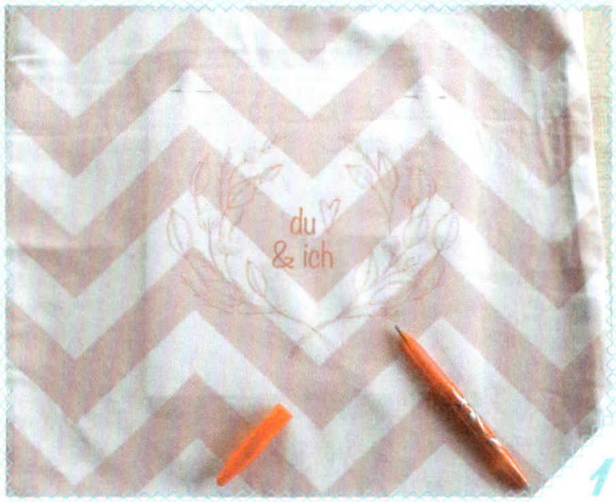

Das Motiv kopieren, mittig unter den Kissenstoff legen und mit einem hitzelöslichen Stift übertragen.

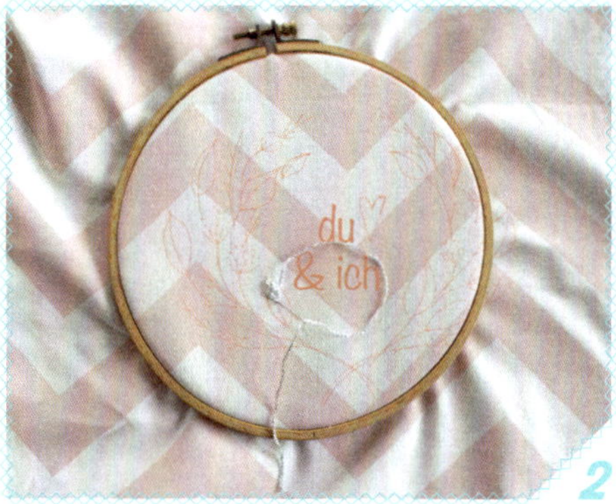

Den Stoff in den Stickring spannen. Mit einem silbernen Faden die Blattspitzen in Silber im Grätenstich sticken.

Siehe Grätenstich, Seite 21

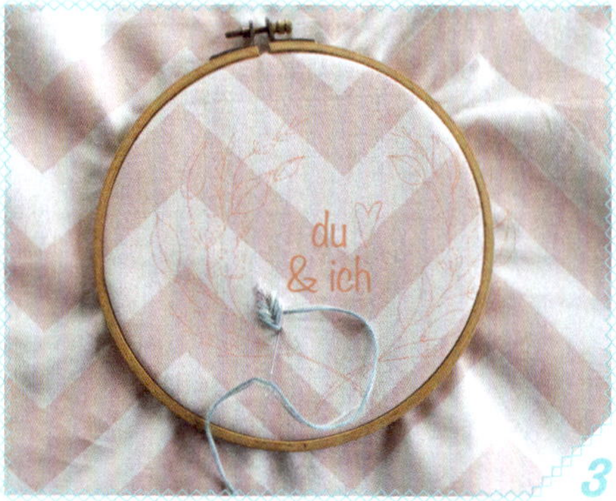

Die Blätter in zwei unterschiedlichen Blautönen zu Ende sticken. Falls nötig, eine Sticknadel mit größerem Öhr verwenden.

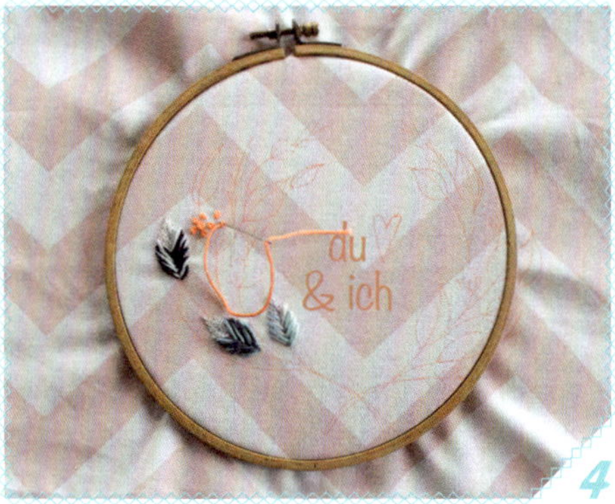

In Rosa in Knötchenstichen die verstreuten Blüten sticken, dabei im Kreis arbeiten.

Siehe Knötchenstich, Seite 27

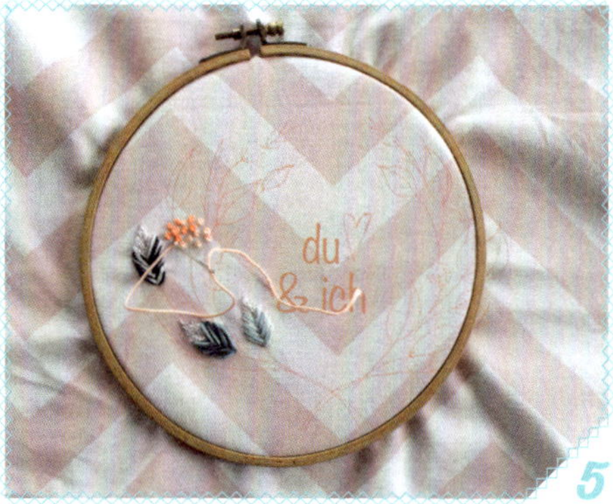

In Hellrosa und anschließend in Orange weitere Blüten mit demselben Stich hinzufügen.

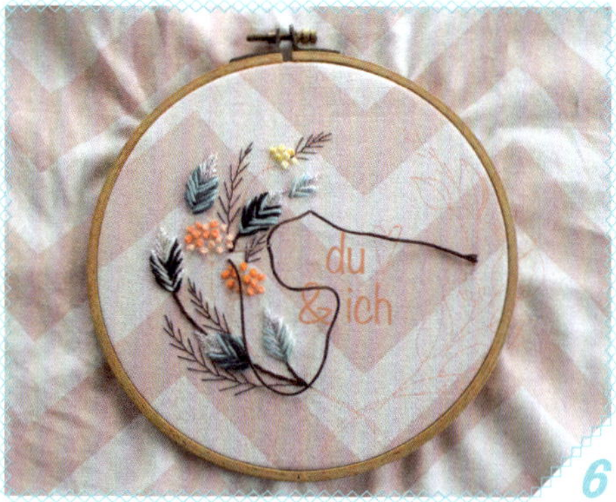

Mit einem schwarzen Einzelfaden die Ästchen im Federstich sticken. Ebenfalls mit einem schwarzen Einzelfaden die Blattstiele im Stielstich sticken.

Siehe Federstich, Seite 22, und Stielstich, Seite 18

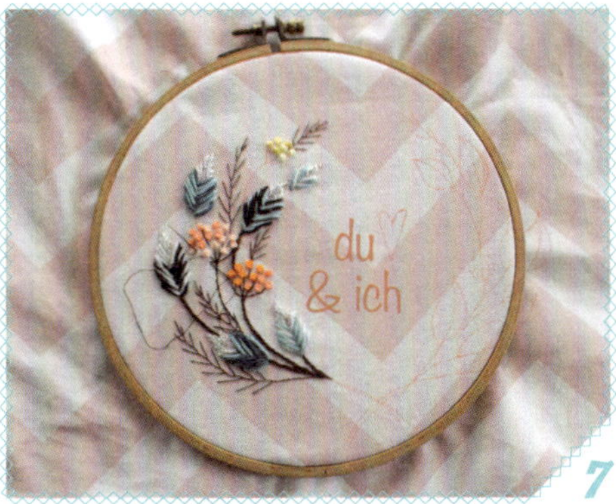

7

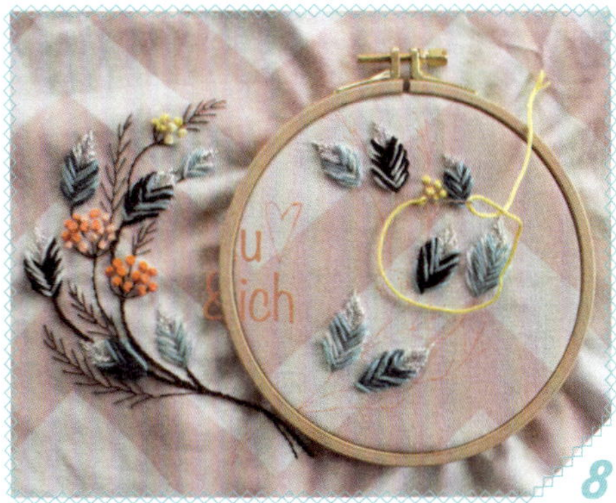

8

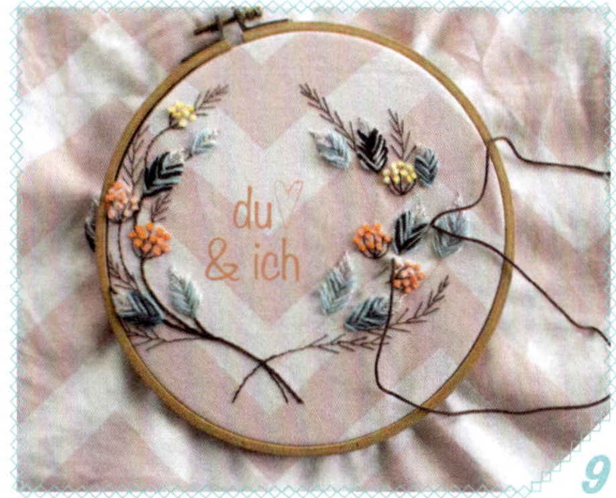

9

7 Mit einem schwarzen Einzelfaden einen Rückstich sticken und damit die Knötchenstiche an den im Stielstich gestickten Stielen verbinden.
Siehe Rückstich, Seite 16

Auf dieselbe Weise die gelben Blüten sticken.

Auf dieselbe Weise die Ästchen im Stielstich und Rückstich arbeiten.

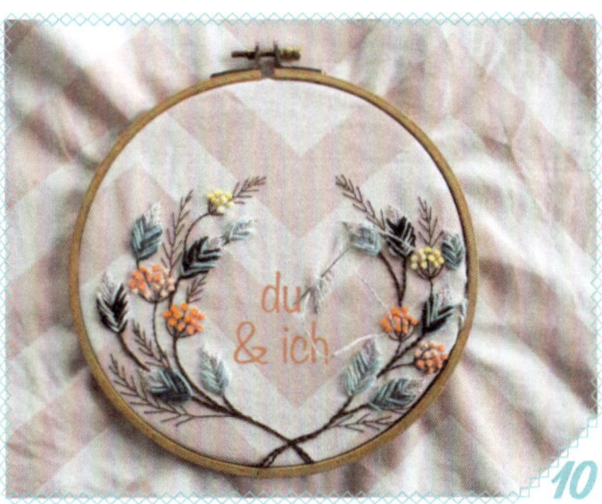

10

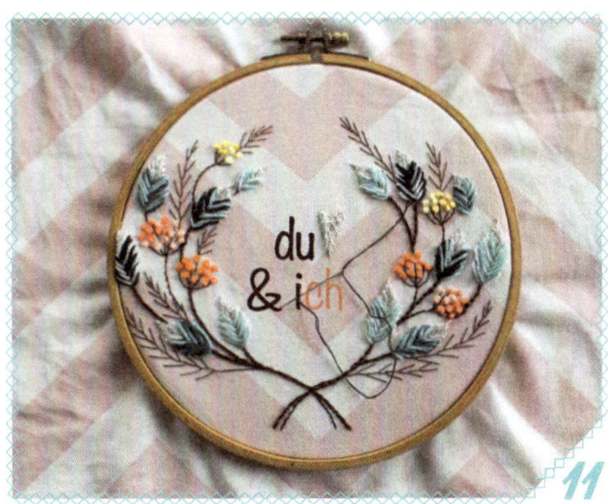

11

Mit einem silbernen Faden die Spitze des Herzchens mit dem Grätenstich und die obere Hälfte mit dem Geradstich sticken.
Siehe Geradstich, Seite 14

Mit zwei schwarzen Einzelfäden die Botschaft im Stielstich sticken.

Impressum

Originalausgabe unter dem Titel Apprendre la broderie contemporaine erschienen bei: © Mango, 2018
www.mangoeditions.com

Für die deutsche Ausgabe:
Produktmanagement: Maria Möllenkamp
Übersetzung & Lektorat: Dr. Katrin Korch, www.literatur-und-mehr.de
Satz: Martin Jablonka
Umschlaggestaltung: Leeloo Molnár
Herstellung: Bettina Schippel, Stephanie Schlemmer
Printed in Spain

Die Deutsche Nationalbibliothek verzeichnet diese Publikation in der Deutschen Nationalbibliografie; detaillierte bibliografische Daten sind im Internet über http://dnb.d-nb.de abrufbar.

Infanteriestraße 11a
D- 80797 München

2. Auflage 2021
ISBN 978-3-8410-6591-9

Unser komplettes Programm finden Sie unter
www.christophorus-verlag.de

MIX
Papier aus verantwortungsvollen Quellen
FSC® C007507

Kreativ-Service

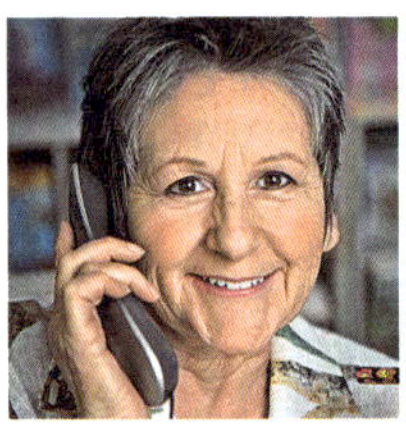

Sie haben Fragen zu den Büchern und Materialien? Frau Erika Noll ist für Sie da und berät Sie rund um alle Kreativthemen. Rufen Sie an! Wir interessieren uns auch für Ihre eigenen Ideen und Anregungen.
Sie erreichen Frau Noll per E-Mail:
mail@kreativ-service.info oder
Tel.: **+49 (0) 5052/91 18 58**

Besuchen Sie uns im Internet: www.christophorus-verlag.de

★★★★★

Sind Sie mit diesem Titel zufrieden? Dann würden wir uns über Ihre Weiterempfehlung freuen. Erzählen Sie es im Freundeskreis, berichten Sie Ihrem Buchhändler oder bewerten Sie bei Onlinekauf. Und wenn Sie Kritik, Korrekturen, Aktualisierungen haben, freuen wir uns über Ihre Nachricht an: Christian Verlag, Postfach 40 02 09, D-80702 München oder
per E-Mail an lektorat@verlagshaus.de.